甲南大学共通教育センター［編］

正志く　強く　朗らかに II

II

躍動する甲南人の軌跡　2021

同信社発行/同文舘出版発売

甲南大学開設時の学生募集のポスター

甲南学園創立 100 周年記念式典の様子

甲南学園創立 100 周年記念事業のひとつとして建設された iCommons の外観

iCommons 1 階
Agora

iCommons 1 階
Hirao Dining Hall North

「個性を力へ」

理事長　長坂悦敬

　甲南学園は、2019 年 4 月 21 日に学園創立 100 周年という大きな節目を迎え、甲南新世紀に入ることができました。多くの方々の支え、ご協力のおかげです。この 100 年間、常に変わらず、創立者平生釟三郎の建学の精神 "人格の修養と健康の増進を重んじ、個性を尊重して各人の天賦の才能を伸張させ、「大局ノ打算ヲ誤ラザル志厚キ」人物を育成し、「正志く　強く　朗らかに」人類社会に貢献する" を実現すべく学園に関係する多くの方々の努力が積み上げられてきました。甲南大学卒業生はすでに約 10 万人、多くの才幹が育ち、社会で大いに活躍されています。

　甲南大学は、国際都市神戸の地にあり、本物の文化に触れることができるめぐまれた教育環境で、現在、大学院 4 研究科 1 専門職大学院と 8 学部に約 9,000 名が学ぶ、質の高いミディアムサイズの総合大学になっています。本学では行動規範「KONAN U. WAY」を 3 つ掲げています。

① 「個性あるキャリア創生力を涵養する」　他者を敬い、礼儀・マナーを重んじ、健全な常識を培い、人格を形成するとともに、1 人ひとりの天賦の特性を活かし希望を創り生みだし、その目標にむけ日々努力する。

② 「つなげる力・つながる力を育む」　共に学び、成長する場を大事にし、リーダーシップ（人をつなげる力）・共働互助（人とつながる力）を培う。

③ 「正志く　強く　朗らかに」　周囲環境のどのような変化にも志を貫き大局の打算を誤らず、的確柔軟に対応していくよう心掛ける。

　また、甲南大学には、各界で活躍されている卒業生の方々から構成される

「教学アドバイザリーボード」があり、さまざまに意見、助言をいただいております。その教学アドバイザリーボードで、「甲南大学の卒業生はどんな人?」と問いかけたところ、「よき個性を輝かせて和合できる人」、「リーダーたる資質を持った人」、「(面白さによって) 周囲の共感を生みだす人」、「志を持ち、実行力のある人」、「突破力のある人」、「振る舞いの素晴らしい人・品位品格のある人」、「社会に出てから (卒業後) の価値が高い人」であるという声があがりました。まさにその通りであると思います。この甲南人らしさを発揮し各界で活躍される卒業生が多いのは、本学の大きな強みです。

本書「正志く 強く 朗らかにⅡ―躍動する甲南人の軌跡2021―」は、甲南学園100周年を記念して出版された「躍動する甲南人の軌跡2019」の続編となります。この本には卒業生の活躍や多くの素晴らしいメッセージが含まれていて、現役生には「自分もこうなりたい」という先輩の姿がみえてくると思います。先輩諸氏がどのように「個性を力にして」人生を歩んでいるか、たいへん参考になります。平生釟三郎の教え、「世界に通用する人物たれ」、「正志く 強く 朗らかに」、「凡ての人は天才である」、「常ニ備ヘヨ」、「共働互助」等々が、素晴らしい甲南人を世の中に輩出してきたことがよくわかります。

1918年から約3年間にわたりスペイン風邪が大流行し、日本でも多くの方がなくなられました。平生日記にも当時の様子が書かれています。そのスペイン風邪大流行の最中に、甲南学園が力強く立ち上がったわけですが、その後の100年間には、世界恐慌、悲惨な戦争、オイルショック、阪神淡路大震災など幾多の苦難があり、先人はそれらを乗り越えてきました。「躍動する甲南人の軌跡」から、その乗り越える力も学びとることが出来ます。2020年2月あたりから新型コロナウイルス感染症が拡大し、世界中で医療・経済的危機など大きな影響が出ていますが、英知を絞り、みんなで対処していくことで必ず道は開けます。

甲南人の生き方を学ぶことで、個性を力にして「正志く 強く 朗らかに」進んでいく道を見つけることができるはずです。

はじめに

　甲南学園創立100周年にあたる2019年春に「躍動する甲南人の軌跡2019」が出版されました。本書「正志く 強く 朗らかにⅡ─躍動する甲南人の軌跡2021─」はその続編となります。100年を超える歴史を誇る甲南学園は、これまで経済界を中心に多数の有為な人材を輩出してきました。この10万人を超える卒業生こそが、甲南学園の貴重な財産であることは言うまでもありません。本書では、その中から約50名の卒業生の方に大学時代を振り返っていただきながら、現在のお仕事と社会での活躍を含めてこれまでの人生を振り返っていただいています。

　本書は、第1部「甲南レジェンド母校を語る」と、第2部「躍動する甲南人の軌跡」の2部構成になっています。第1部は、甲南大学卒業後、各界で目ざましくご活躍いただいているベテラン卒業生の方々へのインタビューをまとめたものです。本学学生のみなさんには、これらの方々の母校と後輩に対する熱き想いをしっかりと受け止め、多くのことを学びとっていただきたいと思います。

　第2部は、現在社会でご活躍中の比較的若い卒業生のみなさまの現況を中心にまとめたものです。学生のみなさんには、等身大の先輩の姿を読み解くことで、自分自身もこんなチャレンジをしてみようとか、あんな分野にも一歩踏み出してみようという有益なヒントを学びとっていただきたいと思います。先輩方が甲南大学で多くの友人、先輩や後輩、先生や職員さんとの出会いの中でどのように成長し、どのように今日のキャリアを形成されたのか。本書をじっくり読んでいただければ、そこから大きな示唆が得られるはずです。そして甲南大学学生としての自覚と誇りが自然とわき上がってくることになるでしょう。

　本書が、これからの未来を担う現役学生にとって自らの大学生活とキャリ

ア形成を考える上で貴重な道しるべになると確信しています。とくに1年生のみなさんは、ぜひ通読してください。「なりたい自分になる」ために、きっと本書から多くのことを学べるはずです。本書が、みなさんの本学での学びを深めるのに役立てば、編者としてこれに勝る喜びはありません。

　本書の公刊に際しては、ご多忙の中、ご執筆いただきました卒業生のみなさまをはじめ、学内の数多くの方々から多大なご協力をいただきました。これらの方々のご尽力がなければ、到底本書を上梓することはできませんでした。心より厚くお礼申し上げます。

令和3年2月

共通教育センター所長

高　龍秀

目　次

第1部　甲南レジェンド母校を語る

第2部　躍動する甲南人の軌跡

正志く 強く 朗らかに II

― 躍動する甲南人の軌跡2021 ―

第1部

甲南レジェンド母校を語る

神と人、人と神の出会いに導かれて

加藤隆久
Kato Takahisa

1957年 文理学部
文学科卒

生田神社
名誉宮司

趣味・特技
古美術鑑賞、演劇鑑賞、
短歌を詠むこと

好きな言葉（座右の銘）
常に備えよ

学生時代に所属していたサークル等
古美術研究会、
歌舞伎文楽研究会

1 多くの出会いを育んでくれた甲南での日々

　甲南大学に進んだ理由は2つあります。1つは父に強く勧められたこと、もう1つは兄の恩師である伊藤正雄先生の教えを受けるためです。文理学部文学科では「近世の和歌と国学」「福沢諭吉の研究」などで著名な伊藤教授と「安土桃山時代文学史の研究」などで名高い荒木良雄教授から薫陶を受けました。

　学びに加えて、古美術研究会と歌舞伎文楽研究会に入りクラブ活動にも力を注ぎました。古美術研究会では毎週のように日曜日になると奈良や京都の寺院へ古美術見学に出かけ、夏期休暇には薬師寺や南禅寺、知恩院などで合宿も行いました。神職の息子ながら、寺院見学に学生生活を費やしたのです。そのおかげか、薬師寺の高田好胤管長から、言葉に語り尽くせないほどの教示をいただきました。甲南の古美術研究会は、学習院大学史学科の古美術研究部と交流があり、お互いに訪問し合うほか、私が世話役を務めて京都の八坂神社で交流会を催したこともあります。

歌舞伎文楽研究会では、旧制甲南高校出身の武智鉄二氏が率いる武智歌舞伎に参加しました。ここで後に綺羅星の如きスターとなる坂田藤十郎、実川延若、中村富十郎と出会いました。各地の歌舞伎座の天井桟敷で見学しては、自主制作のパンフレット『劇評』に感想文を書いたり、文楽の桐竹紋十郎が作った新作「瓜子姫とあまんじゃく」にも参画し、間近で鑑賞する機会を得たのも良い思い出です。

　大学3年生のときには東北・平泉の中尊寺に赴き、佐々木實高執事長のご厚意により宿坊に泊めていただき、金色堂の国宝の仏像の写真撮影も許されました。後に、このときに撮影した写真を関西学院大学文学部美学科の源豊宗先生からお褒めいただきました。

　4年生になると卒業論文のテーマに、私の生誕の地である岡山の国学者で歌人でもある平賀元義を取り上げ「平賀元義の歌」と題した論文を提出し卒業しています。

　その後さらに学問を深めるとともに神職の資格を取るため、上京して國學院大學大学院神道学専攻修士課程に進学しました。ここでも神道学や宗教学で河野省三、岸本英夫、国文学の武田祐吉、久松潜一、国語学の金田一京助、今泉忠義、英文学の吉田健一といった先生方から貴重な学びを得ました。神職の資格を得るための学びに加えて、夏休みには1か月の伊勢神宮での実習にも参加し、文学修士と「明階」という神職の資格を取得して卒業しました。その後は東京の靖國神社に奉職する予定でしたが、甲南大学の恩師である伊藤正雄、荒木良雄の両先生から「ぜひ甲南学園で教えるように」とのお声がけをいただいたのです。そこで神戸に戻り、実家の生田神社で神主を務めながら、甲南学園の教壇に立つ運びとなりました。

2 甲南の縁に助けられて震災から復興

　甲南学園では、中学1年生の担任を命ぜられました。紺色の学生服を着た中学生たちは、みんな健康的で溌剌としていたのが印象に残っています。授

業では国語を担当し、古文と現代文を教えました。ほかにも夏には水泳教室に参加し、冬には妙高高原でのスキー教室に付き添っています。私は「ヒーコ」とか「ヒーちゃん」とあだ名を付けられ、彼らも親しみを感じてくれていたようです。

　後に高校生の授業も担当するようになり、神社の仕事との掛け持ちが大変になってきました。校舎が岡本から芦屋に新築移転した頃には、神社の勤めが多忙を極めるようになり、校長に申し出て退職し禰宜に専任する運びとなったのです。それでも昭和55年には甲南大学から非常勤講師を嘱託され、今度は大学に勤めるようになりました。この間に1800ページに及ぶ『神道津和野教学の研究』を出版し、これを学位請求論文として提出し、昭和61年に國學院大學から文学博士の学位を授与されました。

　神道青年全国協議会の会長を務めていたときには、大学時代の学友で衆議院議員となっていた石井一君に世話をしてもらい、田中角栄首相に陳情に赴いたこともあります。戦後失われていた「剣璽の御動座」の復活と「一世一元の元号」の法制化をお願いに上がったのです。面会時間は3分、首相は「いずれも難しい問題だ」としか口にされませんでしたが、帰り際に咄嗟に「ぜひ伊勢神宮に参拝してください」と申し上げると「わかった」と仰り、その後実際に参拝されました。

　それから後、甲南が結んでくれた縁の力を強く感じたのが、阪神淡路大震災からの復興時です。ちょうど還暦を迎えた年に大地震に見舞われました。ベランダから見ると、無残にも拝殿は崩れ落ち楼門も倒れています。人生が終わったと体中の力が抜けそうになったとき、なぜか亡き父親の声が聞こえてきたのです。

　「おいおい、あんた、一体何をしょげてるんだ。父親の私は、多賀大社、吉備津彦神社、生田神社を再建してきたんだ。あんたも私と同じ神職じゃないか。神職として神社を建て直す、得難い機会を神様が与えてくれた。そう考えなければだめだ」

　それで私は心機一転、以前とは声の調子さえも一変したそうです。とはい

え復興には何よりもお金がかかります。そこで地元神戸に多くいる甲南の卒業生たちを回ると、みんなが快く募金に協力してくれました。

　甲南に学び、甲南で先生を勤めさせてもらい、多くの出会いに恵まれた結果、生田神社はわずか1年6か月で奇跡の復興を達成できたのです。

3　挫折したときこそ 新たな扉を開くチャンス

　震災までの私の人生は、順風満帆といっても過言ではありませんでした。そこで一度、まさに崖の下に突き落とされるような出来事に遭遇したのです。けれども、そこからはい上がることで私は、人生の新たな道を歩み始めることができました。

　挫折したときに何より大切なのは、気持ちの持ちようです。もしあのとき、亡き父親の声が聞こえてこなかったら今の私はなかったでしょう。けれども、私は気持ちを新たに入れ替えることができました。たとえどん底に落ちたとしても、前を向けば必ず良い方向に進んでいけるのです。

　振り返れば、甲南大学に進学するとき、私の本意は別のところにありました。けれども父の勧めに従い、前を向いて歩みました。就職に際しても、靖國神社に決まっていたところを、恩師の伊藤先生から強引に甲南に招いていただきました。その結果が今につながっているのです。

　今の甲南大生を見ていると、みんなとても人柄が良さそうです。豊かな環境のなかで、すくすくと育ってきた、そんな感じに満ちあふれています。おそらくみんな、厳しい局面を経験したり、挫折していないのではないでしょうか。日々を平和に過ごしていると、挫折する機会も少ないはずです。

　だから皆さんにはまず「これからの日本は自分が背負っていくんだ」という強い気概を持ってほしい。目標を定めて突き進めば、いやでも壁にぶち当たるはずです。それが次なる成長への、得難い機会となるのです。挫折してもくじけることなく、顔を上げ、前を向いて、進んでいく。

　甲南には、そんな挑戦をする環境があり、皆さんのチャレンジを後押しし

てくれる先生がそろっています。「やるぞ!」という気力を持てば、学問でも
スポーツでも挑むべき目標は見つかるはずです。

　ぜひ、1人ひとりが自分なりに何かに挑み、挫折も味わいながら、新たな
道へと踏み出してください。そのとき頼りになるのは、甲南が結んでくれる
人の縁です。出会いを大切に、自分の人生を切り開いていってくれることを
心から祈ります。

仲間と共に力を合わせて、自然と向き合う

竹中統一
Takenaka Toichi

1965年 経済学部
経済学科卒

株式会社竹中工務店
取締役名誉会長

趣味・特技
登山、ゴルフ、スキー

好きな言葉（座右の銘）
先憂後楽

学生時代に所属していたサークル等
山岳部

1 山登りで培った学びが、後に仕事で活きる

　甲南大学に入学してすぐに山岳部に入り、山登りに没頭する日々を送りました。初めて山の魅力に触れたのは、甲南高校2年のときです。友人に芦屋のロックガーデンに連れていかれ、ロッククライミングを初めて体験しました。その彼とは一緒に山岳部に入部。部員となって初めての本格的な山行では北アルプス穂高岳に登り、山の美しさに魅せられました。

　1年生の夏には40日ほど合宿し、山登り三昧の日々を送りました。まず剣岳に登り、富山に降りて列車で青森へ、青函連絡船で北海道に渡り、さらに知床半島の羅臼岳から硫黄岳へと縦走し、ハイマツの生い茂る道なき道を強引に藪こぎして降りたのを覚えています。

　半世紀以上も前のことですから、今のようなスマートなバックパックではなく、横に広がった重いキスリングを背負っての山歩きです。担いでいくテントなども、今とは違って桁違いに重かった。なぜ、そこまでして山に行きたかったのかと聞かれると、ありきたりですが「そこ

に山があったから」としか答えようがありません。

　こうした学生時代の山登りでの経験が、後に建築会社の経営者となったときに活きました。山登りと建築には2つの共通点があるのです。第一には、どちらも自然を相手にします。山登りを通じて自然の怖さを身を以て知りました。そのとき芽生えた自然に対する畏敬の念が、建築で自然と向き合ったときに蘇ってきたのです。第二には、どちらも仲間との共同作業であること。山登りでは、1人ではとても越えられないような壁を、仲間と力を合わせて何度も乗り越えてきました。建築プロジェクトも同様で、長い年月をかけて多くの人の力を結集しなければ、完成まで到達できません。やりきったときに全身にみなぎってくる喜びや高揚感も、仲間と一緒に山の頂に立ったときと同じです。

　3年生のときには、両親と一緒にアメリカとヨーロッパへ旅行に行く機会がありました。これまで両親とゆっくり過ごすことがなかったので、とても印象的で今でも鮮明に覚えています。旅の間に将来について語り合うと同時に、欧米の主だった街や建築物をひと通り見て回りました。実際に現地を歩いてみて、西洋の都市計画に通底する建築ポリシーなどを肌で感じられたように思います。この体験により、建築やまちづくりへの関心が高まり、建設業界に飛び込む決意が固まりました。また、帰国後に海外留学していた知人の話にも刺激を受けて、海外での学びについても真剣に考えるようになりました。

2　最大よりも、最良を目指す経営に専念

　竹中工務店に入社後、ミシガン州立大学のビジネススクールに留学しました。最初はまず語学学校で英語を学び、その後2年間かけてマーケティングに取り組みました。幸い、中学から大学までずっと同窓の先輩であった八木通商の八木社長が、私の1年前から同じビジネススクールで学んでおられたので、先輩からいろいろ教わり、ほかにも良い仲間や先生方に恵まれたおか

げで、無事に卒業することができました。語学力はもちろんのこと、国外から自分の国を客観的に見つめる機会に恵まれたことは、今振り返ってもかけがえのない経験でした。そんなご縁もあり、今はミシガン州立大学の日本の同窓会で会長を拝命しています。

帰国したのが1968年、ちょうど工事が始まった大阪万博の現場に配属されました。そこではソビエト連邦館、西ドイツ館、オランダ館、カナダのオンタリオ館、ケベック館などの展示館を担当しました。留学経験が活きて、海外から来られていた建築家やエンジニアらとも交流できました。

社長就任以降一貫して追求してきたのは、当社の伝統である「棟梁精神」と「品質経営」です。当社は創業が1610（慶長15）年、創立が1899（明治32）年であり、創業から411年、創立から122年の歴史があります。私は竹中家の17代当主にあたります。

当社が創業以来、何より大切にしてきたのが「棟梁精神」です。これは「請け負った仕事には最後まで責任を持つ」という棟梁の強い信念を意味します。そのため棟梁には、建物を施工する技術・知識に加えて、多種多様な材料を調達し、組織を率いて大きな仕事を成し遂げる統率力が求められます。この精神を誠実に具現化する経営姿勢が「品質経営」です。

さらに私たちは「最良の作品を世に遺し、社会に貢献する」という経営理念を掲げ、自社で手がけた建築物を「作品」と呼んでいます。作品を技術、情熱、責任を持って作り上げることで多くのお客様とご縁を結ばせていただき、1つひとつのご縁を大切に信頼を積み重ねるよう心がけてきました。

その結果、長い年月に亘って信頼関係が続いているお客様が少なくありません。ちなみに1923（大正12）年に完成した旧制甲南高校は、創立者で祖父の竹中藤右衛門が平生釟三郎先生から工事を請け負い、岡本の地に建設させていただきました。その後、父は旧制甲南高校に通うこととなり、祖父から私まで3代に亘り甲南学園とはご縁があることになります。

私の社長時代に、日本は投資が活発になり、バブルと呼ばれた時期がありました。けれども私はこの時期、投資にはあえてブレーキを踏みました。先

祖代々、竹中家に伝わる「最大のものたらんことを期すよりは最良のものたらんことを期すべし」との教えに従ったのです。海外の状況をつぶさに見ていて、カナダで巨大な不動産会社が倒産したニュースを聞いたときは大変驚きましたが、現地現物主義に徹することで、多くが浮かれたバブルでも目を眩まされず、比較的影響を受けずに済んだのだと思います。私は、「先憂後楽」という言葉を座右の銘としています。中国の北栄の政治家である范仲淹（はんちゅうえん）の言葉で、「天下の楽しみに後れて楽しむ」という為政者の在り方を示したものですが、私はこれをもっとシンプルに、「世間が浮かれているときに、むしろ慎重に冷静に物事を見据え、良い結果が出れば後でそのことを喜びとする」というように捉え、心に留め行動するようにしています。

3 出会いや縁を大切に、かけがえのない友を1人でも多く

　平生先生が仰った"徳育"、"体育"、"知育"の三位一体による人格形成の大切さは今もしっかり胸に深く刻まれています。平生先生の教えは私の心の糧であり、経営者に何より求められる人材育成の指針となっています。皆さんもせっかく甲南で学ぶのですから、ぜひ先生の教えを感得し、自由闊達で1人ひとりの個性を大切にする校風を継承していってほしいと願っています。

　また、大学は生涯の友と出会える場でもあります。皆さんも大学での出会いやご縁を大切にする中で、互いに切磋琢磨し合えるかけがえのない友を、たくさん作ってください。そのためには学業を大切にするのはもちろんですが、クラブやサークルなどにも入り、できる限り高いレベルでの活動に取り組んでほしいと思います。

　これからの日本は少子高齢化が進み、やがては人口も1億人を切ってしまうでしょう。世界人口が100億人に達する近い未来に、日本は人口比で世界の100分の1の国になってしまうのです。それでも日本が輝き続けるためには、グローバルな展開が絶対に欠かせません。グローバルやダイバーシティ

は、既に世界の常識です。皆さんには、より一層国際感覚を豊かに育み、自らの個性を伸ばす努力と、多様な個性を理解し尊重する姿勢が求められます。学生の間に可能な限り広く世界を知るように努め、科学技術に関しても世界の最先端の知見を身につけておくとよいでしょう。

学生時代の4年間は、長いようであっという間に過ぎていきます。1日1日を無為に過ごすことなく、自らに真摯に向き合い、目指すべき目標や信念の確立に向けて、今後の糧となる経験を数多く積むよう心がけてください。

志を高く持ち、努力を続ければ、必ず自分を大きく成長させてくれる環境が甲南学園には整っています。この恵まれた環境を精一杯有意義に活用し、充実した学生生活を送られるよう祈念します。

人類の宝「伝統薬」を守り、後世に伝える

柴田 仁
Shibata Hitoshi

**1974年 理学部
化学科卒**

**大幸薬品株式会社
代表取締役会長**

趣味・特技
ゴルフ、宇宙論

好きな言葉（座右の銘）
誠実

学生時代に所属していたサークル等
自然科学研究会

1 物理と数学を楽しみ、コンピューターの世界へ

　私は甲南大学理学部化学科出身です。理系全般に興味があったので、入学してすぐに自然科学研究会に入りました。この研究会は当時、学生会館の地下に部室を持っていて、研究のための実験設備が充実していました。部員も多く、物理、化学、生物、数学の4部門に分かれて研究活動に取り組んでいました。

　私は物理部門に所属して論理回路の開発に取り組みました。その成果を応用してデジタル加算機を自作し、文化祭で展示しました。デジタルで二進法のため表示は「0」と「1」の2種類のみですが、大きな箱に表示装置、今でいうモニターも作って、来場者に二進法での計算を楽しんでもらった記憶があります。

　他部門の実験や研究を応援したのも、楽しい思い出です。生物部門のために三田の山奥の畑までモンシロチョウを採りに行ったり、数学部門の交通渋滞緩和研究をサポートするため、高速道路の事務所で通過する自動車をカウントしたりしました。こうした活動がとても楽しくて、

私にとっては大学での最高の「遊び」の感覚でした。一生懸命に打ち込めることを、好きなようにやらせてもらえた学生時代に感謝しています。

　化学科では3年生のうちに卒業に必要な単位をすべて取れたので、4年では卒業実験に集中するつもりでした。ちょうどその頃、数学科でコンピューターの授業があり、統計処理などを学んでおけば実験データの整理に使えると思って受講したのです。ところが授業が進むにつれてどんどん受講生が減っていきました。今から思えば連立方程式の解法や線形計画法などのプログラミングなど、学生にはかなり高度な内容だったのでしょう。それもそのはずで、講師はIBMの技術部門のトップの方でした。授業中にコーディングを完了できなかったときには、IBMの神戸事務所で最新のコンピューターを使わせてもらったこともあります。

　そんな縁があったため、就職時期になると講師の先生から「IBMでも新卒者を募集しているので、ぜひ受けてください」と声をかけられました。筆記試験を受けて面接室に入ると、正面に座っていたのが講師の先生だったのです。

　合格となってから悩みました。私は長男ですから、いずれ家業を継ぐつもりでいました。ところが親は「大学まで卒業させたのだから、親の役割は終わった。IBMに入れたのだから、将来のことは自分でよく考えて判断しなさい」と言います。結局、せっかく入れてもらったのだから行くべきだとなり、IBM入社を決めたのです。

2 家業を継ぎ、将来を見据えた活動に取り組む

　入社後はSE（システムエンジニア）として、銀行のオンラインシステムや製鉄所の高炉管理システムなど大型案件のソフトウエア開発部隊に配属され、やりがいのある仕事に関われて充実した毎日を過ごしていました。仕事で必要だからと、情報処理技術者試験も受けました。合格率7％ぐらいだった当時の第一種に一発で合格し、それからさらに大きなシステムを任されるよう

になりました。

　ところがちょうど3年目ぐらいのとき、まさに脂の乗ってきたタイミングで、父親から「いずれ家業を継いでくれる気持ちがあるなら、今戻ってきてほしい」と言われたのです。コンピューターの仕事も続けたかったのですが、いずれ大幸薬品がユーザーとなって、新しいシステムの使い方を考えるのも楽しみだと思いきって退社し、大幸薬品に入りました。

　実はこの時期、大幸薬品は国の医薬品再評価において厳しい状況に陥っていました。当社の主力製品『正露丸』の主成分である木（もく）クレオソートに発がん性があるとの疑いをかけられていたのです。疑惑を晴らすために文献を徹底的に調べ上げ、さらに動物実験と臨床試験を行って、有効性と安全性を証明しました。その結果、正露丸は従来通り一般用医薬品として販売を継続することが認められました。

　問題が一段落し、次に取り組んだのが、コンピューター導入による社内情報システムの構築です。今から40年ぐらい前はまだ、営業の受注伝票から製品の出荷伝票までをすべて手書きで処理していました。そのため受注先名から品目や数量そして住所など同じ内容を、伝票が変わるたびに、いちいち手作業で転記しなければなりません。この無駄な作業を解消するためワークステーションを導入し、一度入力すればその内容が、すべての伝票に自動的に転記されるシステムを開発しました。

　大幅に効率化が進んだおかげで営業がうまく回り始め、業績が向上していきました。当初はカナ入力しかできませんでしたが、漢字システムが開発された際に、自分でカタカナ→漢字自動変換システムを作るなど、年数が経つにつれてどんどん使いやすいシステムへとバージョンアップしていきました。

　その後、1987年に36歳で社長に就任しました。これを機に医薬品メーカーとしての将来を本格的に考えるようになり、90年に研究所を設立します。ここはバイオハザードの実験室を備えており、遺伝子組み換えやウイルスの取り扱いも可能な施設です。研究所で正露丸の作用機序のさらなる解明に取り組みました。続いて医学の博士号を持つ弟が開発してくれたのが、『正露丸』

に継ぐ主力製品となり、コロナ対策としても有効性が評価されている『クレベリン』です。

2009年に東証二部、翌年には東証一部に上場した後、社長を弟に代わってもらい、それ以降は業界活動を通じて、一般用医薬品によるセルフメディケーションの普及に努めています。その中でも歴史の長い伝統薬は、私たちの先祖が何代もの時間をかけて有効性と安全性を確かめてくれた、人類の貴重な財産です。これを後世に伝え続けていくことが、私に課せられた第二の役目と心得て日々活動に取り組んでいます。

3 志を持ち、地道に打ち込んで高みを目指せ

学生時代には、とにかく自分が楽しめることや一心に打ち込めることを見つけてください。興味のあることにいろいろとチャレンジしてみて、「これだ!」と思える何かを見つけたら、とにかく一生懸命に取り組むのです。テーマは何でも構いません。自分の興味だけでなく、ボランティアなど世のため人のためになることに取り組むのも素晴らしいと思います。

そして一度取り組み始めたら、とにかく1つ極めることを目標にしてはどうでしょうか。ゼロからスタートする最初のうちは、頂上のまったく見えない山に登っているようなものです。途中は雲に包まれているような感じで、まわりがまったく見えなくなることもあります。それでも、たとえ半歩ずつでも良いので上を目指すのです。

諦めずに一生懸命に登っていると、あるとき突然霧が晴れたように、まわりの景色がくっきりと見える高みに到達します。雲の上に抜けると、自分と同じようにがんばっている世界中の仲間と出会えるのです。そこで自分がいるのと同じレベルにいる人たちとつながる。すると、そこからまた次の頂に挑戦する気持ちが湧いてきます。

学生数が多すぎず、かといって少ないわけでもない甲南大学は、そうしたチャレンジの場としてちょうどよい規模感を備えています。地道に努力を続

けていれば、決して埋もれることなどなく、先生たちがきっと認めてくれるでしょう。それほど先生との距離が近いのも甲南の良いところだし、学生のレベルがそろっているのも甲南大学ならではだと思います。

　恵まれた環境を精一杯活用し、志を高く持って、自分自身に対して誠実にがんばる。そんな学生生活を楽しんで、何か1つ「これだけは誰にも負けない」という自信を培って卒業してください。

1つひとつ、理詰めで考える
そんな学びが道をひらいてくれた

大山富生
Oyama Tomio

1975年 理学部
経営理学科卒

アイリスオーヤマ
株式会社
取締役副会長

趣味・特技
ゴルフ、ウォーキング

好きな言葉（座右の銘）
念ずれば花開く

学生時代に所属していたサークル等
体育会スポーツ
愛好同好会
軟式庭球パート

1　夜中2時の発見！
わずか1文字のミス

　大学受験に際して甲南を選んだ理由は、最先端のコンピューターサイエンスを学べる大学たったからです。当時、西日本の大学でIBMのコンピューター「360」を導入していたのは本学だけでした。理学部経営理学科に進んでゼミを2つ掛け持ちし、みっちりと指導を受けました。

　当時は東大阪に住んでいたのですが、1年生の時はもとより、4年生の時にも結構1限目から授業を受けていたこともあり、在学中を通して早朝に家を出て片道2時間かけて通学する毎日を過ごしていました。外書購読の講義では毎回コンピューターの専門用語に関するテストがあったため、通学時間はずっと英単語の暗記に努めました。長時間の通学が、行きは勉強で帰りは読書と、いずれも学びに最適な時間となったのです。

　授業の教材は、IBM社のコンピュータープログラムのマニュアルです。英語を読みながらプログラムを1つずつ学んでいき、COBOL、

Fortran、アセンブラなど当時の主だったプログラム言語をひと通りマスターしました。学んだ言語を使って自分でもプログラムを作るのですが、いまだに忘れられないほど苦労した思い出があります。

コードをすべて書き終えたはずなのに、プログラムが動いてくれない。おそらくは、どこかに間違いがある。それだけは確かだけれど、どこに問題があるのかがわからない。最初の一行から精読し直していきました。約半世紀ほども前のコンピューターですから今のようなモニターはなく、入力もキーボードで直接行ったりはできません。パンチカードにプログラムを示す穴を開け、そのカードをコンピューターに差し込むのです。

一体、どこに間違いがあるのか。丸2日かけて見直し続け、深夜2時に見つけたのがカンマとピリオドの打ち間違いでした。本来ならピリオド＝「.」を打つべきところに、カンマ＝「,」を打ち込んでいたのです。ほんのわずかな入力のミス、それだけでもプログラムは動いてくれない。徹底的に緻密に取り組み、ミスなくものごとを進める大切さが身にしみました。これだけ苦労しただけあって、社会人になってからコンピューターに関する学びの恩恵をしっかりと受けました。

授業で忙しい合間を縫って軟式テニスで関西リーグにも参加していました。また、リーグの書記として対戦表づくりをしたこと、テニスの仲間と合宿に出かけて、帰りに旅行したことなども良い思い出です。

2 コンピューターシステムの全面改革を主導

アイリスオーヤマでは、社内の情報システムに大型の汎用コンピューターを使っていました。私が入社してしばらくした頃、このコンピューターシステムの問題に気づいたのです。

当社は当時も今もですが、外部の環境を先取りするような形で、社内の仕組みをどんどん変えています。ところが汎用コンピューターを使っていると、システム変更するたびにプログラムを一から書き直さなければなりません。

その作業をコンピューターメーカーに依頼すると、まず調査だけで1か月程かかり、プログラム変更に数千万単位のコストがかかります。

　仮に汎用コンピューターをパソコンに置き換えられれば、システム更新が簡単になるので自分たちで対応可能、コストを抑えられます。ただし今から27年ぐらい前の話ですから、当時のパソコンの性能では到底無理だとメーカーから反対されました。

　けれども「ちょっと待て」と、自分でシステム構造を見直してみました。理屈で考えるとどうなるか。大型のコンピューターでこなしている作業を、細かく分割すればパソコンのスペックでもこなせるはずです。そこで営業拠点を10分割し、それぞれから集まる生のデータを10台のパソコンでまず処理する。一旦処理してコンパクトになったデータを集計し、ひとつ上の次元のパソコンでまとめる。今でいうクライアント・サーバー型のシステムを実現しました。

　私が大学で学んだ頃と比べれば、コンピューターはずいぶんと新しくなっていました。とはいえコンピューターというマシンが動く仕組み、基本的な概念そのものは何も変わっていません。だから理詰めで考えれば、必ず答えにたどり着ける。大学時代にみっちり学んだ成果が活きたのです。

　ものごとを筋道立てて考える力は、事業展開や商品開発にも活きています。たとえば当社は、小売店との取引に卸問屋を挟まずダイレクトにやり取りしています。間に卸が入ると取引に卸の意向が入り、消費者と直接向き合っている小売店の声が届きにくくなりがちです。

　こうした事態を避けるため、問屋機能を自社で持つようにしました。その結果、小売店と直接話をできるので、消費者が何を求めているのかがわかります。消費者の求めに応えるユーザーインの考え方を商品開発において徹底した結果、多くのヒット商品が誕生しました。

　その代表例が「なるほど家電®」です。ユーザーからは「こういうのが欲しかった」と歓迎され、いわゆる家電メーカーからは「そんな商品を我々は考えもしなかった」と驚かれる。同時に単価を上げるための余計な装飾は極力

削ぎ落としました。

　具体的な商品としては炊飯器が IH クッキングヒーターにもなる「銘柄量り炊き IH ジャー炊飯器」や、スティッククリーナーにモップがセットされた「極細軽量スティッククリーナー」などがあります。いずれも「ユーザーの声に基づいて理屈で考えれば、こういう家電製品があればきっと便利なはず」を突き詰めた商品です。

3 小さくまとまるな。リーダーシップを持て！

　当社ではここ数年、毎年 4 ～ 5 名の甲南卒業生を採用しています。みんなまじめで、人柄もとてもいい。ただ残念なのが、こぢんまりとまとまっていておとなしい点です。いわゆる「ゆとり教育」の影響かもしれませんし、どちらかといえばのんびりしている甲南で育ったからでもあるのでしょう。

　ただ、何が起こるかわからないこれからの時代を、たくましく生き抜いていくにはハングリーさが必要です。自分なりの志、明確な目標を持って常にチャレンジする姿勢、そしてまわりの人間を引っ張っていくようなリーダーシップも持ってほしい。

　人を率いるには学生時代にコミュニケーション能力を磨いておく必要があります。といっても言葉巧みにしゃべれるようになれ、という話ではありません。自分の思いを、自分の言葉で、相手にぶつけるだけでは、相手の心には響かない。一方通行のコミュニケーションでは人を動かせないのです。

　スタートは相手の話を受け入れて、相手を正しく理解することから。相手の考え方や感じ方を自分なりに摑んだ上で、自分の考えを相手が間違いなく理解してくれるよう伝える工夫こそがコミュニケーションの真髄です。テキストメッセージをお互いに投げ合う LINE のようなやり取りだけをしていると、コミュニケーション能力が養われないリスクがあります。くれぐれも注意してください。

　スマホをいくら器用に使いこなせても、仕事ではパソコン操作が必須です。

学生の間にブラインドタッチを身につけておけば、ポチポチとしかキーボードを打てない人の数倍の早さで書類や資料作成などの仕事を進められるようになります。

「賢者は歴史に学び、愚者は経験に学ぶ」といいます。ありきたりですが、時間に余裕のある学生時代に読書に励んで下さい。歴史小説なら、楽しみながら歴史を学ぶことができます。

そしてせっかく甲南を卒業するのだから、先輩たちが築いてくれた素晴らしいネットワークを積極的に活用してください。私は東北・甲南会の会長を務めていますが、同じような甲南会が全国にあります。この組織を思うように利用できるのが、甲南OBにとって何ものにも代えがたいメリットです。甲南を卒業する時点でみんな、一生の財産を与えられていることを、ぜひ胸に刻んでおいてください。

能楽師の私を支えてくれた
日本文化の源流の学び

大倉源次郎
Okura Genjiro

1981年 文学部
国文学科卒

能楽小鼓方大倉流
十六世宗家

趣味・特技
乗馬

好きな言葉（座右の銘）
感謝を忘れるな

1 自分だけじゃない。
その心強さと安心感

　能楽は、650年以上の歴史を持つ舞台芸術です。観阿弥・世阿弥による作品を含めて3,000曲以上あり、それぞれに人間の営みが描かれ、作品からは主題の背景にある原因と結果を知ることができます。戦国の世に能が愛されたのは、そこに描かれる世界への憧れがあったとともに、能が、苦しい人生を乗り越えるためのツールの役割を果たしたからではないかと思います。現在も私たちは、能から未来を正しく選ぶための知恵を学ぶことができます。

　能楽では笛、小鼓、大鼓、太鼓の4種類の楽器が使われますが、これら能楽囃子は単に伴奏の役目を果たすのではなく、演奏自体が楽劇の一部となります。私は能楽囃子方の家に生まれ、7歳で初めて舞台で鼓を打ちました。その後、甲南中学・高等学校に進学して能楽と学業の二足のわらじをはき、甲南大学の文学部へと進みました。

　学生時代は毎週のように舞台の予定があり、それに向けた稽古も続いたため、大学のすべて

の授業に出席することは叶いませんでした。しかし卒業から40年経った今も、心に残る授業が数々あります。例えば、美学の授業で先生がおっしゃった「人類の永遠のテーマは、自然美と人工美の対決です」という言葉は、今も私の心を打ちます。

歌人でもあった安田章生（やすだ・あやお）教授のことは忘れられません。中世文学の高名な研究者だった先生ですが、常に学生に対して「きみはどう思うか」と問いかけてくださり、私たちが質問をすると授業を止めて一緒に考えてくださいました。根源的なテーマにまっすぐ向き合う先生の姿を見て、授業はかくあるべきと教わりました。先生であってもこれほど思索されるのかと。安田先生の学びの姿勢は、今も私のお手本と言えます。

卒業論文では『古事記』に取り組みました。神と人間の世界が描かれた秘書を学ばせていただいたことは、日本文化の源流を知る貴重な経験となり、能楽師としての私を長く支えてくれています。甲南で文学部に入らなければ、生涯『古事記』を原典講読するチャンスはなかったのではないかと思うと、一期一会のご縁を感じます。

こうして学問を追究して卒業論文にも取り組み、能楽師として修行ができたのは、熱心に指導をしてくださった先生方と私の勉強をさり気なくサポートしてくれた友人たちのおかげです。また、周囲には音楽を愛して止まない仲間など、勉強以外に好きなことに打ち込む人もいて、私は「自分だけじゃない」という安心感を持つことができました。学生のひたむきさを応援してくれる、甲南のおおらかな学風が私の大学生活を支えてくれました。

2 能のすばらしさと知恵を後世へ伝える

1985年、28歳のときに大倉流小鼓方十六世宗家を継承し、能の鼓方として日本各地の能楽堂の舞台に立ってきました。能の魅力を1人でも多くの方にお伝えしたいと、国内のみならず海外でも20か国以上で公演を経験させていただきました。また「能を通じて過去に学び、未来を想像する力を養っ

てほしい」と、子ども向けの能楽体験講座も各地で開催しています。2017年には、能楽の世界ではまだまだ若手の私を重要無形文化財保持者（人間国宝）に認定いただき、「能のすばらしさ」や「能の知恵」を後世に伝えていく使命を深く胸に刻んでいるところです。

　ここで、みなさんに「能のすばらしさ」の一例をご紹介したいと思います。それはリアリズム（現実性）ではなく、リアリティ（迫真性）を求める希有な舞台芸術だということです。

　例えば、映画やミュージカルで知られている『美女と野獣』という作品がありますが、リアリズムに基づけば、美女役・野獣役はそれぞれに合ったキャスティングをし、両者が入れ替わることはありません。しかし能は、能面と能装束という装置を使うことによって、両者が入れ替わることが可能です。私が10歳の少女の役を演じたいと思ったときに装置に入ることで、なりきるのではなく、「なりいる」ことができます。魂を役に入れることができるのが能の面白さであり、すばらしさです。

　装置が体と心をつなぎ、能という舞台芸術を作ってきた日本文化の哲学。それを若いころから知っていれば、海外に出て豪奢なオペラハウスを見ても、その美しさに打ちのめされることはないでしょう。能について、諸外国のみなさんにその国の言葉で紹介できる、真の国際人の育成につながるのではないかと思います。

　「能の知恵」についても、ご紹介しておきたいと思います。能楽の初心者が習う能に「鞍馬天狗」があります。かたや、最も難しい最奥の秘曲と言われるのが「関寺小町」です。織姫と彦星が出会う七夕の祭りの日に、老婆となった小野小町が子どもに和歌の面白さを伝え、一緒に和歌を詠むという能です。人間の営みにおいて最も大事なのは、子どもに伝えること、すなわち教育である。世阿弥が一番伝えたかったことであり、私たちが後世に伝えていくべき能の知恵だと思っています。

　この知恵を永く未来へと継承するために、私自身が修行を重ねると同時に、後進の人たちが誇りをもって修行を続けられるよう、能楽界の環境整備

に力を注いでいるところです。

3 「はたをらくにする」ために何ができるか

　自分が存在しているということは、「はた（周囲）を、らく（楽）にすること」すなわち「はたらく」ことだと思います。ぜひ学生時代に「はたをらくにする」ために自分には何ができるかを考え、それを見つけてほしいと思います。

　努力を重ねて記録を出してみんなに喜んでもらう、そんなスポーツ選手がいれば、私のように鼓を打ってみなさんに楽しんでいただくこともできます。勉強が得意な人であれば、自分の知識で技術革新をし、社会に貢献することも可能でしょう。

　はたをらくにしようと、各々が仕事をすることにより、みんなが過不足なく生活できる。社会の役に立つという目的、自分の存在意義を見つけることができれば、それが道標となって人生に迷うことはないと思います。

　もしお金を稼ぐためという即物的な目的だけを持ってしまうと、それが叶わなくなったときに自分の存在意義を失います。何のために働き、なぜ自分は生きているのか。悩みは深まるばかりです。搾取することを目的にすれば、はたの人々を泣かせることになります。

　まわりの人の笑顔を見るために自分が働く。基本的なことですが、いま最も求められていることだと思います。そして人の笑顔は、自分の人生を豊かにしてくれます。

　もう1つ心に留めていただきたいのが、日本文化の柱である「和歌」、すなわち言葉を大切にするということです。私が甲南で学んだ『古事記』には、スサノオノミコトが詠んだ最古の和歌が記されています。そして神話の時代から詠まれてきた和歌をまとめたのが『万葉集』であり、庶民から天皇までさまざまな身分の人による4500首ほどが収められています。8世紀にこんなことを成し遂げた国は、ほかにありません。以来、『古今和歌集』『新古今和

歌集』に継承され、今も宮中で行われている「歌会始」につながっており、私たちは言葉を大切にしてきた国に生きていることがよくわかります。

　和歌文学がまず生まれ、それを絵解きし舞台芸術にしたのが能楽であり、歌舞伎や文楽です。また、和歌が生活文化に入っていくと茶道や華道になるなど、多くの文化の根っこをさぐっていくと和歌につきあたり、日本文化の柱は和歌ではないかと私は考えています。

　急に和歌を詠むのは難しいでしょう。しかし、和歌を詠むように、日々よい言葉を探して使うことは、誰でもできることだと思います。言葉を大切にすることは、心を磨くこと、よりよく生きることです。私自身もそうであったように、甲南で言葉と心を磨いてください。甲南はそれができる学びの場だと思います。

真因を突き詰め、真意を捉えきる

市川典男
Ichikawa Norio

1981年 経済学部
経済学科卒

象印マホービン
株式会社
代表取締役
社長執行役員

趣味・特技
観劇

好きな言葉（座右の銘）
真因と真意

学生時代に所属していたサークル等
硬式テニス部

1 テニスはいいから、マネージャーをしてほしい

　振り返ってみれば、甲南中学でテニス部に入ったのが、今に続く私の人生の原点だったようです。甲南テニス部は全国トップレベルの強豪校ですから、残念ながら選手としての私の出番はありませんでした。だからでしょうか、高校1年のときからマネージャーを任され、テニス部との縁は続きました。高校時代には2度、インターハイの団体戦決勝で強豪の柳川商業に敗れて悔しい思いをしました。

　そして甲南大学に進学して心機一転、これから何をやろうかとあれこれ考えていたとき、高校時代のテニス部の先輩から声をかけられました。

　「お前、一体いつから練習に来るつもりなんだ？」

　「いや、今さらテニス部に入るつもりはないのですが……」

　「何言ってるんだ。テニスはやらなくていいから、マネージャーをやってもらわなければ、みんな困るんだ。他に誰もいなくて市川を待って

たんだから」

「……」

　そう言われて考え直したのです。今から別のスポーツを始めても強くはなれないだろうし、かといって文化部に入る気にもなれません。テニス部なら日本一を目指せるだけのメンバーがそろっているから、マネージャーとして彼らと日本一を目指せば、高校時代の雪辱を果たせるではないかと。それなら学生時代を有意義に過ごせるし、将来は経営者になることを視野に入れていたので、クラブのマネジメントは良い経験になるとも考えたのです。

　大学ではマネージャーは"主務"と呼ばれ、クラブのNo.2の位置づけです。1年生が主務とはけしからんと他のクラブからクレームが来ましたが、私の仕事ぶりを見ているうちにみんな納得してくれるようになりました。

　キャプテンから「遠征先では安くて個室でシャワーのあるホテルを探せ」などとリクエストされて苦労したのもよい思い出です。携帯電話もインターネットもない時代ですから、公衆電話や学校の事務室で電話を借りてかけまくりました。苦労のかいあって大学3年生のときに、強豪の早稲田に勝って日本一になりました。早稲田の主力メンバーは高校時代に敗れた宿敵・柳川商業出身者、おそらく1人ひとりの実力では我々に勝っていたと思います。けれどもチームで戦う際には、適材適所を徹底すれば総合力で上回ることができるのです。この学びは後につながる大きな収穫となりました。

　これで気持ちを切り替えて、3年の残りで単位を取りきりました。この間に学部横断の選択科目として学んだ情報処理やプログラミングなどの先端的な授業が、社会人となって大いに役立ちました。

2　問題を見つけたら
　　真因を深掘りする

　象印に入社して最初に配属されたのが、社内情報システムの構築チームでした。当時は情報システムといえば、外部にアウトソーシングする企業がほとんど。けれども、いずれ自前のシステムが必要になる時代が来るのだから、

早く手を付けたほうが良い、というのが父の考えでした。

　社内情報システムを立ち上げるためには、まず社内の全業務に精通しなければなりません。つまり仕事を通じて、否応なく会社の仕組みすべてを学ぶことになります。いわゆる帝王学では経理から始めて営業そして人事と学んでいきますが、そんな時間をかけずに一気に自社について深い理解を得ました。

　システムを的確に組むためには、1つひとつの業務がどのように他の業務とつながっているのかを把握する必要があります。何か問題を見つけたときには、表面だけで処理するのではなく真因を深掘りして解消する。そんなものの見方を身につけ、人と接するときにも応用するようになりました。誰かが何か意見を発した際には、単にその言葉だけを聞き入れるのではなく、相手がそのように発言した背景までを突っ込んで理解する。相手の真意をつかまないと、話はかみ合わないのです。

　私が42歳のとき、社長を務めていた叔父が会長に退き、社長に就任しました。とはいえ社長として会社をどうしていけばよいのか。こんな問いにすぐに答えが出るはずもありません。半年ほど悩んでいると会長から「お前は一体、何をもたもたしているのだ」と発破をかけられ、ともかく適材適所で働きやすい会社にしようと決めたのです。さらに弱点を補正するのではなく、独自の強みを際立たせる戦略も構築しました。

　いずれも大学時代の学びを活かした考え方です。まず競争相手のいないところでNo.1を目指す。自分に置き換えれば、マネージャーとして大学No.1を目指していた人なんて、私以外にいなかったはずです。だから唯一無二の存在となれたのです。たとえ特定の分野であれ、自社がNo.1だと自覚できれば社員は誇りを持って仕事に取り組めます。

　我々は電気炊飯器やホットプレートなどの電気製品を扱っていますが、それらをあくまでも家庭用品として捉えています。だから家電メーカーと争うつもりなどまったくなく、先進性や技術力をアピールしようとは考えません。そうではなく家庭用品に求められる、信頼性や温かさ、優しさなどを全面的

に訴求していきました。

　その方向性の中から生まれたヒット商品の一例が『みまもりほっとライン』です。一人暮らしのお年寄りを、電気ポットがそっと見守る。先進的な技術を導入していながら、あえてそうした技術は見えないように隠しました。目新しい道具で監視されるのではなく、普段と同じようにポットを使うだけで、誰かに見守られている優しさを感じていただきたかったからです。我々の気持ちが伝わったからでしょうか、20年前に当時の最先端のIT技術を導入したサービスは、今も引き続き愛用いただいています。

3　2つの目標を使い分ける

　最近の学生さんを見ていると、何ごとにも目標を持たなければとの意識がとても強いようです。おそらくは高校時代に先生方から、目標を持つようにと指導されるのでしょう。

　もちろん、目標は大切です。ただし、目標には2種類あることを、心に留めておいてください。1つは、期限付きの明確な目標です。私の場合は、学生時代に甲南の庭球部で日本一になるという目標がありました。期限とゴールを明確にしておかないと、達成できたのかどうかがはっきりせず、達成できなかったときの原因解明もできません。

　もう1つ持つべきは、自分の人生における大きな目標です。30年先、40年先ぐらいに、自分はどのような人物になっていたいのか。また、どんな人生を歩みたいのか。これは期限付きの目標とは逆に、あえて明確に定めないほうがいい。ぼんやりで良いので、大まかに進むべき方向性だけを定めておくのです。いわば人生の羅針盤のようなもので、いつもこれを見返しながら進んでいけば、方向性が大きくずれることはありません。

　私自身に置き換えれば、社会人になってからは、いずれ経営者となり、事業を通じて社会に貢献する、といった方向性に従ってずっと歩み続けてきました。

大学時代のクラブ活動や授業が社会人になってから大いに役立ったのも、大まかな方向性だけはいつも意識していたからでしょう。皆さんにも、もちろんしっかりとした学びを勧めます。とはいえ、闇雲に単位をそろえるためだけに学ぶのではなく、将来自分はどんな方向に進むのかと考えて、漠然とした目標でいいので持っておくことを勧めます。

　ボヤッとした目標を持て、などといわれたことはあまりないかもしれませんが、私の経験を踏まえるなら、かなり重要な人生訓になると思います。

第**2**部

躍動する甲南人の軌跡

科学に向き合って

米原克也
Yonehara Katsuya

1995年 理学部
物理学科卒／
1997年 自然科学
研究科 物理学専攻
修士課程修了／
2000年 自然科学
研究科 物理学専攻
博士後期課程 単位取得
満期退学

フェルミ研究所勤務

1 失敗して助かった 自分の命

　1995年、当時私は学部4年生で、年末から年始にかけて卒業実験の最中でした。当時理学部原子核研究室には工業用の荷電粒子静電加速器があり、私の恩師が提唱した仮説に基づき、ダークマター候補と言われる超重元素を加速し、炭素膜に照射し、そこからの発光を友人と共に3人で観測していました。ところが1月13日の金曜日、それまで調子のよかった加速器が不思議と具合が悪くなりました。疲労困憊だった我々は、実験を終える期限が迫っていたのですが、やむなく一時中断を決意しました。その年の成人の日は日曜日で、月曜日が振替休日となり、火曜日から実験を再開する予定でした。そして火曜日の朝、あの巨大地震が発生。住み慣れた街並みが一瞬にして様変わりしました。震災の数週間後、私は理学部棟に入る機会を与えられ、自分たちが使用した実験室を見て回りました。レールの上に乗っていた非常に重い加速器が、縦揺れの地震によって信じられないほど大きく脱線し、計測室も棚が倒れ、重い実験

装置が散乱しており、もし実験を続けていたら無事ではなかったと思います。その日、街灯がまだ戻らない夕暮れ、理学部棟から坂道を降りながら、自然災害に対する自分の無力を悔やみつつ自分は生かされたと強く感じました。それから月日が経ち、いまだに私は素粒子物理を研究しています。面白いことに、素粒子物理で培われた技術を応用し、宇宙粒子やニュートリノを使って地球内部を測る研究が行われています。素粒子物理を研究する者として不思議な縁を感じます。

　学部を終え大学院に入る際、教授から大阪大学にある核物理研究センターでの研究を勧めていただきました。その5年間は多くの学友、先輩、後輩に恵まれ、刺激的な日々でした。当時、日本政府は基礎研究力を上げるため、院生の数を急激に増やしました。しかし若手研究員のポストの数は院生ほど多くないため、上に行くほど生存競争は激しく、私のようなそれほど目立たない院生は将来に不安を感じていました。そこで私がとった戦略は、なるべく他の研究者との差異を作ることでした。具体的にはレーザーや超電導、イオン源やビーム輸送など、普通の素粒子研究者には特に必要とならないことも研究しました。作戦は功を奏しました。当時播磨にできたSPring-8にレーザー光を打ち込み、そこから発生する高エネルギーのγ線を使った実験を進めていたグループが、私のレーザーと素粒子物理の経験を見込んで私を採用。そこで初期設置を終わらせた後、恩師の勧めでアメリカに渡り、今に至ります。

2　点と点を線で結ぶ

　子供の頃、兄が持っている本に「相対論的宇宙論」があり、物理学に興味を持ちました。後年まさか筆者の佐藤文隆先生に大学でお会いするとは思いませんでした。さて、物理学が我々の生活にどのように役に立っているのか、なかなかピンとこないかも知れません。素粒子物理に限ってお話ししますと、たとえば放射線医療が挙げられます。高エネルギーのビームを人工的に作り、

ピンポイントでがん細胞を攻撃する。このため他の健康な細胞へのダメージを最小限に食い止めることができます。またがん細胞に与えるエネルギーが高く、ほぼ確実に細胞を仕留めることができます。その精密なコントロールを可能にしたのは素粒子物理学を元にした研究によるものです。高エネルギーの陽子や重粒子、あるいは中性子ビームを生成する加速器、ビームの位置や加速エネルギーを精密に測定する検出器、加速エネルギーを精密に調節する減速材など、素粒子物理の発展により実用化されました。現在でも放射線医療の発展は続いており、たとえば加速器や検出器の小型化や、ビームを多方向から照射する方法、より精密なビームのコントロールを可能にする方法などが研究されています。私も装置の小型化の研究に携わりました。

その一方で、現在私が研究している課題は基礎科学です。それはより哲学に近いものです。いわく、我々の住むこの世界はどのようにしてできたのか？また、この先どのようなことが起きるのか？　その疑問を素粒子物理の観点から研究しています。基礎研究で用いられる粒子加速器はいわば超精密な顕微鏡であり、加速エネルギーが高いほどその精度が上がります。ところが、今の技術で私たち人類が地上で到達しうる加速エネルギーは、すでに限界に近づいています。その限界を超えるため、私たちは少し違ったアプローチで超精密測定を目指しています。その1つがニュートリノ振動という、粒子の波動性を使った、いわゆる量子力学から起こりうる干渉縞を観測する実験を行っています。さらに近年、私は人工知能を使って測定精度を上げる方法を提案しました。この方法はこれまで誰も行っていないため、参考になる教科書がありません。何が正しいのか、どうすればより効果的に測定精度を上げることができるのか、自分たちが先頭に立って研究しています。科学とは、そのような小さなステップを少しずつ上がり、最終的なゴールに到達することです。そのステップに少しでも貢献できることにやりがいを感じます。

3　自分の役割を考える

　自分の過去を振り返り、幸運にも私は周りの人々に恵まれたと思います。渡米後、私は日本だけでなく、世界中でいろいろな背景を持つ多くの人々と一緒に研究をする機会を得ました。そこで得られた経験から、2つのタイプの研究者を紹介します。

　国籍、年齢、性別、過去の成果に関係なく、私の尊敬する人々の共通点は、自分の功績に決して満足せず、常に新しい挑戦をすることです。そして特に感心するのは、彼らは挑戦の際、それがたとえ自分が作り上げたものでも、過去の古びた体系を躊躇なく破壊し、新しい体系を一から作り上げることです。それはまるで体の細胞がアポトーシスを起こし、それによって新しい細胞が生まれる生地ができるように。また、彼らが挑戦するときに発するエネルギーは凄まじく、彼らが発する言葉には信念があり、そういう人は魅力的で、多くの人を惹きつけます。たまに彼らはプロジェクトリーダーになり、大きな仕事を成し遂げます。ですが、このような才能を持った人は希少です。

　残念ながら私にはそのような才能はありません。ですが私はプロジェクトの一角を担う手段を知っています。私はまずプロジェクトを俯瞰的に見ます。多角的に見ることにより、これまで誰も考えていなかったことが見えてきます。俯瞰するというと難しいように聞こえますが、私の場合、何か新しい知識を耳にするたびに自分のプロジェクトに照らし合わせて考え、その知識がプロジェクトのどこかに利用できるのではと考えます。最初は短絡的なつながりでも、他の要素を補完することで、有機的なつながりに気づくこともあります。ここで新しい知識とは、ネット、本、講演、友人との会話、あるいは普段の生活から得るもので、決して特殊な環境で得た訳ではありません。要は普段から意識していれば、誰にでもできる手段です。この手段は研究者に限らず、一般にも適用できると思います。

最後になりましたが、私は学生時代にいろいろな経験をしましたが、それが今につながっていると思います。そのときは何か回り道をした気分でも、後で見ると近道だったこともあります。みなさんも学生時代に何か挑戦して、それを楽しんでください。

心をオープンに、今いる場所で頑張ることの大切さ、そして多くの方に支えられていることを実感した学生生活

高屋和子
Takaya Kazuko

1996年 経済学部卒／
1998年 社会科学
研究科 経済学専攻
修士課程修了

立命館大学
経済学部　教授

趣味・特技
どこに行ってもご飯と
お酒をおいしく頂ける
こと

好きな言葉（座右の銘）
艱難汝を玉にす／
何とかなるさ

学生時代に所属していたサークル等
経済学会

1 不安ともやもや…マイナスイメージからの大学生活スタートから一転、素晴らしい先生方との出会い

　いきなりですが、実は甲南大学は第一志望の大学ではありませんでした。といっても何が何でもここ！　というよりは、このぐらいの成績だから少し頑張ってここを狙うかというような受験校の決め方。入試で失敗し、浪人もできず、なんだかもやもやしながらの入学。受験に失敗した落ち込みの中、しっかりとした目標もなく、学生生活が無事にスタートできるのか、不安で一杯でした。ただ、希望の分野は社会科学で、経済学部は行きたい学部でした。そして、経済学会と出会ったことが私の甲南大学での学生生活を豊かなものにしてくれました。

　当時の経済学会では、学生の委員と先生方の委員の間で定期的に会議を開き、講演会や企業見学、ゼミナール大会、卒業パーティー、ニューズレターの発行などを行っていました。その活動の中で、授業以外でも先生方と接する機会があり、個性豊かな先生方と身近に接する機会をいただきました。あるとき4回生の先輩たちとある先生の飲み会に参加しましたが、そ

の中で先輩たちと先生がお酒を飲みかわしながら議論をされていたのが新鮮で、その後も気さくに接して下さる先生方にいろいろな興味を刺激されました。そのときのお店（摂津本山駅近くの「甲南ハイボール」）には未だに通っています。

3回生からのゼミでは高龍秀先生のアジア経済研究のゼミに所属させていただきました。アジア経済について学ぶ中で、1997年の香港返還を控えて、中国経済を研究したのがきっかけで、中国経済研究の道に進むことになりました。学部を卒業後修士課程に進みましたが、ここでも多くの先生方にお世話になりました。中国経済を専攻する院生は当時他にいませんでしたので、多くの授業が一対一で、毎回の文献資料の読み込みや報告準備は大変でしたが、先生を独り占め状態、なんと贅沢だったのかと今でも思い出します。

私が学部生のときには中国語が卒業単位としてまだ認められる前でしたので、学部では別の言語を第二外国語で選択していました。修士課程に入り、本格的に中国経済を研究すると決め、中国語の勉強を独学で始めましたがなかなか思うように進まず、引き続きご指導いただいていた高龍秀先生に相談し、中国語の胡金定先生、石井康一先生を紹介していただき、中国語の授業を受けさせていただいたりしました。

不安ともやもやの中でスタートした甲南大学での学生生活でしたが、今思えば授業や経済学会での活動を通じて出会った先生方のおかげで気持ちを切り替えられ、結局学部、大学院と計6年間お世話になり、授業だけでなくそれ以外でも気さくに相談に乗っていただき、育てていただきました。

2 「なんで中国？」、難しい関係だからこそのやりがい

現在立命館大学経済学部で中国経済論や中国語の授業、中国での海外プログラムを担当しています。甲南大学の修士課程を修了後、博士課程は大阪市立大学に進学し、長い博士課程での院生生活を経て（留学期間も含めて7年間！）、現在の立命館大学経済学部での教員生活に至ります。博士課程の途中

では、1 年半上海の復旦大学に留学したりもしました。

　現在の仕事を目指すきっかけはゼミで中国経済を研究する機会を得たことです。中国に関してはさまざまな報道や分析があり、あまりいいイメージを持っていない方も多いと思います。研究を始めた当初は「なんで中国？」とよく聞かれました。実は私も最初はあまり良いイメージではありませんでした。1949 年の中華人民共和国成立後、1950 年代の大躍進運動、1966 年からの文化大革命では、戦争や植民地支配で荒廃した中国経済社会の復興以上に、思想や政治面が重視され、経済的、人的にも大きな損失がありました。そういった状況を知り、「なんて国だ！」と思ったのがきっかけです。人間社会、政治はどうしてこうなってしまうのか、経済的側面からそれを探求してみたいと思いました。現在は地域間格差縮小のための財政制度改革、農村社会・経済の振興、近年注目されている中国の対外投資や対外経済活動について研究しています。

　中国は急速な経済発展をする中でさまざまな問題を抱えています。多くの問題を抱えつつ、強大化している中国に対し、警戒感や懸念を持つ意見も多く聞かれます。しかし、日本は中国の隣国であり、歴史・文化・経済・社会・政治のあらゆる面での結びつきも強く、中国を知ることは重要です。そういう意味で、今後の日中関係を担っていく学生の教育に携われることにやりがいを感じています。毎年海外プログラムで学生を中国へ引率していますが、学生に実際に現地に赴き自分の目で見て、考える機会を多少なりとも提供できていることに誇りを感じています。

　私の海外初体験は甲南大学の海外研修プログラム（リーズ大学）に参加したことでした。2019 年 9 月から 1 年間国外研究期間をいただいて、ロンドン大学東洋アフリカ研究院（SOAS）で研究する機会を得ましたが、実に 20 数年ぶりのイギリス訪問。新型コロナウイルス感染拡大で移動ができなくなり、リーズを再び訪れることはできないまま帰国となってしまいましたが、海外で実際に自分の目で見て発見したり感じること、現地の人と触れ合うこと、またさまざまな国・地域から来ている人たちと交流することの楽しさを知る

きっかけをもらったのも甲南大学であったと改めて思い出したりしていました。これからも中国にとどまらずそれ以外にも多様な国、民族、社会に触れ、理解に努めることの大切さ、そして楽しさを学生たちに伝えていければと考えています。

3 大きく目標を持つことと、着実に進むこと

卒業生として現役の学生のみなさんにお伝えしたいことは2つあります。

まず1つ目ですが、座右の銘として「艱難汝を玉にす」と「何とかなるさ」と書きました。すごく有名な立派な言葉と「ユルい」言葉を並べてしまいました。これはしんどいこと、大変なことがあっても目の前のことを愚直にやっていけば、何とか切り抜けられるし、そうすれば大きく一歩といかなくても、半歩でも成長ができているのではないかと考えているからです。私は見た目もですが（体格もよく態度も大きい?!）、よく中国の農村に出かけたりしていることから、すごく大胆な人間だと思われることが多いのですが、実はすごく気が小さくて心配性。結構くよくよ悩むほうでもあります。ですので、この2つの言葉を思い浮かべ自分自身に言い聞かせながら、何とかやってきたところがあります。そして、愚直にやっていれば必ずと言っていいほど貴重なアドバイスをもらえたり、時には厳しく批判されることもあるのですが、それが後々考えるとすごく助けになるものであったりと、周りの方から助けられました。お世話になった先生方や先輩・同級生、周りの方には感謝しかありません。タイトルに書いたように、心をオープンに、たくさんの方に支えられていることに感謝しながら少しずつでも進んでいくことの大切さを今でも日々感じています。

もう1つは大きな目標やビジョンを持つことです。私は大学院に進学し、研究者を目指しつつも、自分自身で本当に研究者になれるのかと疑問に思っていました（実際ずいぶんと時間がかかって長い大学院生活を送りましたし、実は最初は他に逃げ道を用意しながら大学院に進学しました）。それでも大

きくその目標を掲げつつ、目の前のことを少しずつ乗り越えて（中には乗り越えられず未だに格闘していることも）今に至ります。具体的なことでなくても、どういう自分でありたいのか、どう生きていたいのかといったイメージやビジョンでも良いと思います。そういった目標やビジョンを持つことは、1つ目に挙げた一歩ずつ少しずつでも進んでいくことの原動力になります。

　歳をとり、成長していく中でその目標は変わっていくこともあると思います。しかしその時々でなりたい自分や目指したい自分のイメージを持っていることは重要です。「こういうことはしない、したくない」、「あるべき自分」といった自己規範のようなものでも良いと思いますし、「あくせく働くのではなく、家庭生活や趣味に豊かに暮らしたい」というものでも良いと思います（後者の場合は、「そんなことで良いの？」と思われるかもしれませんが、地域や社会に家庭生活を通じてあるいは趣味を通じて貢献する場面も多々あると思います）。そこからスタートし、そうあるためにはどういう場でどう生きるのか、そして今どう過ごすのかを考える機会を是非持ってほしいと思います。これは現在大学教員として就職活動をしている学生の相談に乗る中でも強く感じることで、みなさんにも大学生活の中で是非考えてみてほしいと思います。時代時代で社会経済情勢も目まぐるしく変化し、そういった時代を乗り切るために具体的な資格や技術を身に着けることを考える学生さんも多いと思います。それも大事ですが、そういった資格や技術を生かして、活き活きと暮らしていくためにも、ありたい自分のイメージやビジョンを持ってもらいたいと思います。

　みなさんの実り豊かな学生生活と卒業後の社会人生活をお祈りしています。

研究生活の入り口となった、大学での4年間

禿 あや美
Kamuro Ayami

1997年 経済学部卒

跡見学園女子大学
マネジメント学部
教授

趣味・特技
読書、サッカー観戦

好きな言葉（座右の銘）
焦らず、恐れず、
前向きに

学生時代に所属していたサークル等
経済学会

1 学生生活の思い出

　大学入学後にまず感じたことは、「社会の多様性」でした。私の父は会社員で、私自身、公立の学校にしか通ったことがありませんでした。いわゆる「中流」家庭で育ってきたので、そのような生活様式が普通だと思い込んでいました。ところが、甲南大学に入学すると、身内に会社経営者のいる学生も多く、会話、服装、持ち物、考え方など、さまざまな点で、これまでに出会ったことのない"雰囲気"がありました。同時に、のんびり、自由なところがあるのが、甲南大学の校風であり、良さです。そうした違いを楽しむことができました。

　大学では、満遍なく勉強するというよりも、興味のある科目に力を入れて学んでいました。印象に残っているのは、当時、経済学部に所属しておられた佐藤治正先生の授業です。毎回のように、社会で活躍されている方をゲストに招かれ、講演が60分程で、残りはゲストと佐藤先生のディスカッションでした。教室はいつも満員で、熱気がありました。また、文学部で心

理学を担当されていた横山博先生の授業はとても好きで、受講し単位を取ったうえで、その翌年も教室で講義を聞きました。また講義外でも、奥田敬先生にお世話になりました。奥田先生は甲南大学経済学会の活動を支援してくださり、毎週のように学生たちに付き合ってくださいました。奥田先生と先輩方と過ごす時間は、いつもとても楽しかったです。

私が所属したのは熊沢誠先生のゼミです。先生は『日本的経営の明暗』など多くの著作を発表されているかなり有名な方です。先生の、労働問題を中心にした社会政策の講義はとても面白く、先生との出会いが、現在の私の仕事（大学の教員）にまでつながっています。私の卒論のテーマは、当時多くの研究がされていた「パートタイム労働者の能力主義的管理」です。大学の図書館でいくつかの論文を読みながら、試行錯誤して書きました。その研究テーマは基本的に今でも変わりません。我ながらしつこいなあと思いますが、それくらい深みのある研究テーマを大学時代に設定できたのも、熊沢先生のご指導の賜物です。

2 大学で学ぶためのヒント

私は、社会政策という分野で研究しています。具体的には、正社員と非正社員の処遇格差はなぜ発生しているのか、そして企業内に序列を生みだし、秩序を形成しているものは何かということを、分業に着目しながら歴史的に明らかにするとともに、職務評価を用いた現状の分析もしています。

大学を卒業後に、東京大学大学院経済学研究科で学び、修士号を取得し、合計7年間在籍した後、大阪にある大学で2年間勤務し、現在は東京にある大学で教えています。2020年に経済学の博士号を東京大学で取得しました。時間はかかってしまいましたが、納得できる切り口で、学会の「通説」を打ち破る論点が出せたのではないかと思っております。指導教官に面白いと言っていただけたときには、思いがけず涙も出ました。

社会科学の研究者に私がなったのも、学生時代の経験や"気づき"が関係

しています。社会は出身階層を含め多様であることを実感させてくれたのが甲南大学でした。そして、「働き」への対価である「賃金」や、その評価も、所属する企業、産業、性別、雇用形態によって大きく異なりますし、生活を支える税や社会保障などの社会の仕組みの違いが大事なことも、勉強するうちにわかってきました。いわゆる「ブラック企業」で働くと、労働に対する適正な評価はされず、心身ともに疲弊します。能力ある人がいつも適正に評価されるとは限りません。そうした「社会」の広さと仕組みをまずは理解し、そのうえで課題解決への道筋が数多くあることを学べるのが大学であったと思います。

　学ぶ手段は多くあります。たとえば私は、「モンテ・クリスト伯」という、最近ドラマにもなった小説が好きで、学生時代に読みました。岩波文庫で7巻もあるのですが、飽きません。お話も面白いのですが、金額にかかわるエピソードが多く出てくるからです。船乗りの主人公が1、2週間留守にする間に、家を守る父に残す生活費も描かれており、当時の庶民の生活水準がわかります。また、主人公が脱獄した後に手に入れた財宝で、祭りの見物のために貸し切るバルコニーのレンタル代からは富裕層の財力がわかります。このようにさまざまな階級の活動に付随する値段がたくさん出てくるので、それをメモしながら読むと、当時の社会にある大きな格差に驚かされました。私の趣味であるミステリー小説を例に挙げてみても、19世紀、20世紀、21世紀のイギリスの探偵小説を読み比べれば社会の変化がわかります。21世紀の日本、アメリカ、北欧のミステリーを読み比べると警察官の働き方でさえ、その違いが鮮明なことに気づきます。スウェーデンの刑事は、公安警察であっても男女ともに定時（9時－17時等）で帰宅し、趣味のランニングなどを楽しんでいるシーンも描かれますが、日本の刑事は男性ばかりで、たいてい過労死しそうな勢いで犯人を追い回しています。労働時間管理がしっかりしており、そのうえで生産性をドライに追求するスウェーデンのあり方は、ワーク・ライフ・バランス社会実現に向けての1つのモデルであり、それは専門書以外でも理解できます。経済学の勉強は、経済学を学ぶだけでは足り

ないと思います。また、マイクル・コナリーというアメリカの作家の作品からは、アメリカの司法制度の一端も学べると思います（私は「リンカーン弁護士」シリーズが好きです。映画もあります。Amazon では「BOSCH」というドラマも見られます）。

　社会の仕組みを学ぶ場は、大学での講義や留学、アルバイト等の経験のみならず、小説や映画等々広いと思います。そうしたことに学生が気づいてくれるような講義やゼミにしたいと思いながら、大学で仕事をしています。

3 　専門家として働くために

　この本を読んでいる学生の中には、大学院への進学を考えている人もいるかもしれません。でも、大学院を身近に感じていない人が、いわゆる「文系」の学生には多いのではないかと思います。

　確かに、昔の大学院は研究者養成という性格が強かったのですが、今は違います。社会に出た後に、専門知識を整理し体系的に身に着け直し、キャリアアップするための場でもあります。グローバル化も進み、修士号や博士号などの学位を持っていることが、ビジネスの場でも求められるようになると思います（学位がないと就けないポストが、海外では多いのです）。日本では大学院が軽視されてきたのですが、外資系企業の「常識」を受け、これからは変わっていくと思います。特に、日本は女性が働きにくく、評価もされにくい社会体制になっているので、専門家としてキャリアを積むことは、女性にとっても大きな武器になると思います。種々の「検定」や「資格」が世に多くありますが、大学院も活用しながら、学び続け、キャリアを構築してもらいたいと思います。

　昔も今も変わらず大学院選びで大事なのは、指導する教員がだれかということです。その学問分野で鋭く深い分析をしている先生を選ぶ必要があります。大学進学には偏差値などを参考にして選ぶことが多いと思いますが、大学院は違います。偏差値は関係ありません。自分が身に着けたい、より深く

学びたい分野で、尊敬できる先生のいるところを探すものです。甲南大学の大学院も、もちろん選択肢です。学びたい分野が学部時代とは異なるかもしれません。そうした場合でも、学生時代の恩師に相談されると、よりよい進学先が見つかると思います。このように、母校とのつながりをいつでも大事にしてもらえればと思います。

　私の両親はいつも私を応援してくれるので、今の私があります。一生懸命に生活する両親と妹の姿から多くを学びました。また、大学でも先生方が多くのものを与えてくださいました。私も、家族はもちろんのこと、勤務する大学の学生たちの可能性を伸ばし、応援できる人でありたいと思っています。そして、よりよい社会の実現につながる研究をし続けたいと思います。

　みなさん自身も、だれかを勇気づけるような人でいてください。そして、自分を応援してくれる人を、大学生活を通じて多く見つけてください。

めまいと共に生きる

山戸章行
Yamato Akiyuki

1999年 文学部
日本語日本文学科卒

市立吹田市民病院
耳鼻咽喉科　医師

趣味・特技
走ること、泳ぐこと、
空を飛ぶこと

好きな言葉（座右の銘）
己に克つ

1 ばりうれしい！神戸線開通

　私の学籍番号は 195110 ＊ 3 でした。最初の 1 は学部生で、95 年入学の 11 は文学部の日本語日本文学科の所属を表します。私たちは阪神・淡路大震災のあった年に入学した、日本語日本文学科第一期生です。阪急電車の西宮北口〜夙川の高架橋が崩壊し、私の住んでいた西宮は震度 7 で、家にひびが入り、ガスが通るのにも数か月かかるようなところで暮らしていました。入試がかなり遅れて実施されたこともあり、被災された方には不謹慎な話ではありますが「神様が勉強時間をくれた！」と必死に勉強したことを覚えています。

　阪急電車の夙川〜岡本までの部分開通と共に、プレハブの教室での大学生活がスタートしました。なんとなく教師を目指して飛び込んだ文学部でしたが、私が興味を持ったのは都染直也教授に教えていただいた日本語学という分野でした。「通学のとき『ばりうれしい！　神戸線開通』というポスター見た学生いますか」の先生のお話で、私の心は鷲掴みにされました。

「とても」を超える言葉、大阪弁の代表「めっちゃ」とはまた違う、シンプルな中にも力強さを訴える「ばり」という言葉。神戸のたくましい復興を称える言葉に自分も随分勇気づけられました。

都染ゼミ（甲南大学方言研究会）に入り、若者ことば、関西弁、特に兵庫県の方言について多くのことを教わりました。私たちの学年は三田市、小野市の方言調査に行きました。その土地で生まれ育った方から、こちらが提示する言葉の方言を教えていただく調査です。「じゃんけんのことはなー、『いっさんほい』って言いおったなー」など優しい眼差しで丁寧に教えてくださる姿に深い地域愛を感じました。また集めたデータを方言地図にすることで狭い地域での言葉は川や交通手段によって広がり、また山は越えにくいという地形的な影響も受けるという現象も証明してきました。地域の人同士で喜怒哀楽を共有し、そして助け合って生きていくのに大切なツール「方言」。言葉遣いはその人の人柄を表し、方言はその人の生い立ちを教えてくれます。勉強の基本は国語というように、日本・日本人を知るのに一番必要な学問を学べたことを誇りに思っています。

また文学部には作家のような個性的な価値観を持った仲間にも恵まれました。職業に直結しにくい学科であった分、仲間と話すうちに自分とは何かを考えるようになり、今からお話しする方向性を定めることができました。

2 言葉というメス

私は、市立吹田市民病院で耳鼻咽喉科医をしています。国語教師を目指していた途中、教壇に立つには「1を教えるには10知っておかなくてはならない」という指導の先生の言葉に深く納得し、文学に疎かった自分はあっさり国語教師を諦めました。外科医の父とは別の道で頑張りたいと長年反発しておりましたが、震災後、私たち家族の安否も気遣いながらも不眠不休で地域の方のために頑張る父を見て、医師という仕事を考えるようになりました。さらに「生命」「コミュニケーション」「心」に興味があり、それが活かせる

仕事として耳鼻咽喉科医を選びました。

　一般的な耳鼻咽喉科は、アレルギー性鼻炎や中耳炎、のどの風邪などを想像されるかと思いますが、私はめまいを専門としています。平衡感覚は目からの視覚、耳で感じる前庭感覚（頭の回転・傾き・加速度）、足の裏などで感じる深部感覚によって構成されます。その情報を脳で調整することで体の揺れを意識せず二本足で歩くことができます。耳の機能が急激に低下すると、目の位置を適正に維持することができなくなり目が回りだします。これが「忙しいと目が回る」理由です。めまいは強い吐き気を伴いとてもつらい症状です。しかも、症状を緩和する薬はあるものの即効性のある根治薬がありません。そこで、私はめまいに興味を持つきっかけになった「前庭リハビリテーション」に力を入れることにしました。フィギュアスケートの選手がトリプルアクセルを飛んでもバランスを崩さない仕組みを応用し、めまい患者のバランス機能を鍛える治療です。

　めまいは、そのときに症状がなければ診断をつけにくく、逆に症状が強いときには受診が難しいため、診断が難しい疾患です。脳の病気を心配される場合は急ぐ必要がありますが、耳鼻咽喉科には症状がやや落ち着いた頃に来られます。そのため患者さんの発症したときの話を詳細に伺い、新しい診察器具を用いて、目の揺れ（眼振）の小さな所見も見逃さないように診察します。その後に大切なのは「疾患への理解」「疾患との付き合い方」になります。限られた診療時間で説明をするための模型を作ったり、また同じ悩みを持つ患者さんが集まり理解を深めていただくための「めまいの教室」を月1回開催したりしています。学生時代の教壇経験がここで役に立っております。

　めまいという病気は不摂生で起こる病気ではなく、真面目な方が無理をしすぎたときなどに起こる疾患です。人生の節目のときなど、ここぞというときにめまいは襲ってきます。そして、多くの方は、日常生活は送れるものの、ふわふわする不快感、またいつ起こるかわからない不安を抱えながら暮らすことになります。そのため、説明にはかなり注意が必要です。「治らない病気、付き合うしかない」という説明をする必要があるときに、曖昧な説明は

かえって本人の自己決定を邪魔することになると考え、最悪の状況をはっきりと伝えるようにしています。しかし、「諦めてください」という意味ではなく、「ありのままを受け止め、できないことを嘆くのではなく、できることを見つけこれからの人生を歩んでください」という説明をするよう心がけています。言葉はメスとなり、患者さんの心に大きな傷を残してしまう危険性もありますが、同じ内容でも言葉遣い一つで、切れ味のいいメスとして患者さんの不安を断ち切れる武器にもなると信じています。

3 揺れることで、進むべき道が見えてくる

　私たちが二本足で立って歩けるのは、体が揺れることでその反対に重心を動かすことにより、バランスを取っているからです。人は揺れることで歩くことができるのです。揺れが小さいとバランスを取るのが難しいときがあり、大きく揺れたほうがバランスを取りやすいときもあります。また、動いているほうが大きな突然の揺れに対する備えもできます。実際に、電車の中で立つときに自分の体を意図的に揺らすとバランスが取りやすくなります。

　両親には2つも大学に通わせてもらいましたが、甲南大学での4年間は私にとってとても有意義な寄り道でした。しかも、この寄り道があったおかげで進むべき道が見つかりました。

　どうか思いっきり悩んでください、やりたいことは何でもやってみてください。そうすると自然に進むべき道が見えてきます。

甲南大学と私

福本 幸
Fukumoto Miyuki

1999年 文学部
英語英米文学科卒

甲南大学保健体育科目
非常勤講師兼甲南大学
女子陸上競技部監督
兼コーチ

趣味・特技
陸上競技（走高跳）
好きな言葉（座右の銘）
最善を尽くす
学生時代に所属していたサークル等
体育会陸上競技部

写真提供／『月刊陸上競技』

1 学生時代の思い出 ～わがみちを見つける～

「学園歌は…4年間の過ごし方のストラテジーを伝えるとともに、これからの人生にもつながるストラテジー、『わがみち』を見い出だせと歌っている」という吉沢理事長（当時）の文章を読みました。私の学生時代はこの学園歌の内容そのものであったとしみじみと感じます。

高校時代に陸上競技走高跳でアジアジュニア選手権に出場し3位に入賞したこともあり、これから海外遠征にたくさん行って海外でも戦いたいという思いを持っていたため、英語は外せないと考え、文学部英語英米文学科に進学しました。ライクロフト先生のゼミでは海外の児童書の研究をさせていただき、その奥深さに魅了されて今でも時間を見つけて児童書を読み返します。また、その当時の文学部では、自分が所属する以外の学科の授業が、一定の範囲内で卒業単位に含まれるというルールがあったことから、興味のある他学科の授業を多く受講しました。中でも、一番多く受講していたのは、人間科学科の授業だったと思います。授業を通し

て、自分の生き方、考え方を見つめなおし、自分が今一番頑張りたいことは何か、また卒業後はどんな仕事をしたいのか自分自身としっかり向き合うことができたと思います。

基礎体育学演習や選択授業の健康スポーツの科目では、専門的な知識を得ることができました。これまで一身に取り組んできたスポーツにおいても知らないことがまだまだたくさんあるのだということに気づかせていただきました。中でも桂先生から聞かせていただいた、海外のスポーツ研究の先進事例は、私自身をもっと学びたいという気持ちに駆り立て、怪我や故障をしたときにはここぞとばかりに図書館に行ってはスポーツの専門書を読み漁るようになりました。就職を考えるときには、私もそのようなきっかけを与えられるような教員になりたいと思うようになり、大学院への進学を決めました。

甲南大学に入学したことにより、その道のプロフェッショナルである先生方に出会えて、学ぶ楽しさを知り自主的に勉強したいと思うようになりました。また、学外でもトップアスリートの先輩方と合宿に参加させていただく機会や、多種目のトップの選手と一緒に練習させていただく機会にも恵まれ、私の一生の財産になるような人との出会いがたくさんありました。

学生生活は大人になっていく大切な過程であり、先輩・後輩・同期との触れ合いの中でも、それぞれの価値観の違いや、個性の違いについて感じ、自分自身の在り方を見直すきっかけにもなりました。結論は常に最善を尽くす、今の私のすべてになりました。

2　現在の仕事について

大学を卒業後、1年間の大学院の研究生、科目等履修生を経て、大学院に進学、健康スポーツ科学、スポーツバイオメカニクスを専攻しながら、保健体育の中高専修免許の取得に努めました。初めての教員採用試験に落ちた悔しさをバネに必死に取り組み、採用試験に合格。晴れて教師となった私は、大阪府立吹田第一中学校での6年間の教員生活を通して、充実した日々を過

ごしました。競技生活も忙しい中で練習量は減りましたが、短い時間の過ご
し方を大切にしながら継続し、日本では負けることがなくなり世界選手権代
表にもなれました。しかし、30歳を過ぎて結婚、出産を経験したことを機
に、競技を継続するかどうか迷うようになりました。

そんなとき、母校で顧問をされている、日本陸上界のスターでもあり尊敬
する伊東浩司先生のもとを訪ねました。「甲南でコーチをしながら子育てしな
がら競技を続けるのはどうですか」先生の一言が私の背中を押してください
ました。「とことんやればいいよ」という家族の言葉もあって、母校の甲南大
学で仕事をさせていただきながら、初めての子育てと、出産後の競技生活へ
の復帰に向けて動き出しました。

伊東先生のご指導はすべてにおいてこれまで経験したことのないもので、
発想力の違いにただただ驚くばかりでした。一流のアスリートの凄さを肌身
に感じました。1つひとつのことを丁寧に取り組むことの当たり前さを改め
て認識するとともに、自分の考えの浅はかさを痛感する毎日でした。世間的
には30歳を過ぎて女性がスポーツをするのを良しとしない方も多く、教員
時代にも心ない言葉を言われることもあり、気持ちの面で負けてしまいそう
なときもありました。伊東先生のお考えは、性別や年齢に限らず自分がどう
したいのかを常に問うことを大切にされており、好きな仕事を辞めてでも競
技を続けたいと考えた自分自身としっかり向き合うことができました。当時
私のような経歴を持つ跳躍選手はおらず、自分の結果次第では、後輩たちの
行く末にも影響が出てしまう。それだけは避けたいという気持ちから、とに
かく最善を尽くそうと妊娠・出産後も自分の身体と向き合ってトレーニング
を行いました。

産後2年後のオリンピックには間に合いませんでしたが、とことんやって
きたことを記録に表したい一心で競技に取り組み、オリンピック選考の後
に、190cmをクリアーしました。そうなると標準記録まであと2cm。何とし
てもクリアーする思いでした。

伊東先生からのアドバイスに従って取り組んだ結果、2度目の世界陸上に、

出産後の 36 歳で出場を果たすことができました。

　現在は体育会女子陸上競技部でコーチをさせていただきながら、伊東先生の取り組まれている社会貢献活動、ランナーズスクールの仕事にも携わっている他、大学の非常勤講師として基礎体育学演習の授業も担当しています。ランナーズスクールや授業で出会うあらゆる年代の方々に、陸上競技の面白さ、スポーツの楽しさや重要性を伝えていきたいと考えています。

3　現役の学生に対するメッセージ

　現在、甲南大学で学生に関わる仕事をしていることもあり、多くの出会いがあります。学生たちには、授業ではこれからの人生において何をするにも健康ということが大切で、頑張りたいことを頑張るためにも体力が必要であることを基礎体育学演習の授業を通じて伝えています。

　小学生高学年のとき、持久走であまりにも走れない状況が続きました。それを体力や根性のなさを原因だと決めつけていました。ですが、中学 2 年のときに鉄欠乏性貧血ということが判明しました。ヘモグロビン数値が 5.5 と平均の半分にも満たないということで、体育の授業を見学、部活動も休止を余儀なくされました。処方された鉄剤を飲み、安静にすることで、1 か月後には数値が 7.8 まで回復しました。そうすると今までついていけなかった持久走にもついていけるようになり、練習も以前に比べると格段に楽になりました。この経験から私は、バランスの取れた食事の大切さを感じ、栄養成分表を見ながら鉄分を多く含む食品や、吸収されやすい食べ合わせなども独自に調べて偏食を改善していきました。それ以来、自分自身の身体の状況を常に考え、良い状態を維持し続けることに努めています。人は身体が資本です。心身の健康はスポーツだけではなく、毎日の生活のパフォーマンスを上げてくれます。また、スポーツはストレス抗体ホルモンの分泌を促しますし、免疫力も高めてくれます。人生 100 年時代の到来が言われる中、健康の維持増進のためにも、みなさんにはぜひ生涯を共にするようなスポーツと巡り

合ってほしいと考えます。

　私も生涯スポーツとしていろいろなスポーツを試してみましたが、人生を共に過ごしたハイジャンプを超えるスポーツには巡り合えていません。まずは、体力が続く限り、できるとこまでやってみようと思っています。

　みなさんのご活躍を心より応援しております。

インターネットと
変化への挑戦

岩﨑 磨
Iwasaki Osamu

**1999年 理学部
経営理学科卒**

株式会社 LIXIL 勤務

趣味・特技
音楽鑑賞、
飛行機に乗る事

好きな言葉（座右の銘）
やればなんとかなる

学生時代に所属していたサークル等
自治会中央委員会

1 仲間とインターネットと
出会った学生時代

　私の学生時代で非常に印象に残っているの
は、委員会活動を通じた仲間との挑戦とイン
ターネットの世界を知った衝撃です。

　甲南キャンプ・現代講座・大学祭・プロコン
サート。4つの実施委員会活動に携わり、うち
2つの活動では委員長も拝命させてもらいまし
た。今はなくなりましたが、新入生歓迎イベン
トである甲南キャンプの実施委員会では人が人
を選ぶ責任と仲間と1つのことを徹底的に考え
て成し遂げることを学び、著名人を招いて講演
会を行う現代講座では学生のニーズに合わせた
講座開催を考え抜きました。大学祭実施ではプ
ロコンサートを担当し、過去最大のイベントに
するために邁進し充実した時間を過ごしまし
た。既存の形を変えるためへの挑戦。今思えば
このときから貪欲にやっていたと思います。特
に今までやったことのなかったプロコンサート
2Days 開催には強いこだわりを持ち、アーティ
スト事務所のある東京まで行き、交渉を重ねた
日々もありました。実際には予算や体制の課題

などもあり実現には至りませんでしたが、一緒に挑戦した仲間との絆は今でも残っており、時々集まる際の良い思い出話になっています。

　また、委員会活動と並行して研究室の仲間とともにインターネットプロバイダの起業という経験を真横で経験させていただきました。その活動が数年後に自分の社会人第一歩にもなりました。先輩のワンルームマンションに専用線を引き込み、ISDN 回線も多数引き込み、海外から調達した機材や他大学の払い下げになったサーバ機を駆使して通信プロバイダを作った経験は今にも通ずる経験になっています。何もない所から何かを作る。この簡単なようで非常に難しいことを楽しく始め、苦労も多くしました。今のようにインターネットを検索すれば情報がある時代ではなく、Netnews と言われる今では古くなり誰も使っていないと思いますが、その中で英語の情報を頼りに調べて試して動かしてみる。これを繰り返し、通信プロバイダが必要なサーバを構築していきモデムを使って実際に回線に接続し、インターネットにつなげ、サービスを提供できた瞬間の感動は大きかったです。1 つの形はできましたが、大きな形になる前に時代の大きな流れに飲まれてしまったのは非常に残念ではあります。

　振り返ってみると 2 つの大きな挑戦ができた甲南大学の学生時代は人生最大の自由と挑戦と経験ができた 4 年間だったと思います。この 4 年間が今の自分の基礎を作り上げてくれたと思いますし、当時の仲間たちに感謝が尽きません。

2 ベンチャー企業から グローバル企業の最先端へ

　学生時代の経験から、自分はインターネットを支えるエンジニアとしてさまざまな会社を経験してきました。関西で働いていた約 12 年間はインターネット通信プロバイダ、ケーブルインターネット会社、システム開発会社などで会社や事業の立ち上げを経験し、東京では楽天、リクルート、DMM.com でエンジニアやリーダーとしてさまざまな経験を積み、現在の株式会社

LIXIL で働いております。

　現在の主な仕事は LIXIL の IT 部門を担当する役員として国内・海外を含めた約 1000 名のメンバーを率い、国内主要 5 社、海外主要 2 社の IT 基盤を統合しグローバル企業に変革させることですが、IT での変革だけではなくカルチャーなども含めた変革も推し進めています。

　現在はコロナの影響で今までの常識がまったく通用しない世の中になってきています。

　LIXIL は住宅設備の製造という会社で新規住宅着工件数に大きく依存する体質で、日本の人口が増えない中で向こう 10 年を見ると売上規模は半減も視野に入る厳しい状況にあります。また、複数社が合併を経た企業でもあり、重厚強大であり重複も多く、特に IT 面では非効率になっていました。

　今は真の統合に向け構造改革を行い、新規住宅着工件数が減ったとしても生き残れる会社への変革のために既存の事業ポートフォリオも大胆に見直しを進めている中でこの COVID-19 に直面しています。

　よって、さらなる変化を求められることに直面し、ただ変化するだけでは通用しない世の中になってきていると感じます。今後求められることは変化することではなく、変化し続けること。そしてそれを軸に据えた企業を作り上げることが今の自分に課せられた挑戦になっています。

　COVID-19 の状況を見ると、LIXIL が提供している製品は人類の衛生問題を解決する物が多く、非常に大きな責任も感じています。それを支える企業の IT 基盤は統合を経てどうあるべきか。そしてそれをどういうカルチャーで活用し価値化につなげていくのが良いか。考え続ける毎日です。

　1 つ言えることはまず自分がこれを体現し、率いて支えていく必要があるということです。

　その上で最近特に意識していることは、誰のために成すのかを明確にしながら行動に変えていくこと、そして、いかに速く成し遂げるかということです。言い換えると、エンドユーザーという最終顧客に対して最速で価値を提供するためにはどうすれば良いか、です。責任も非常に大きいですが、やり

がいは最高にあり、毎日試行錯誤しながら実践しています。

　最近はこれまで月数回という頻度で海外を飛び回っていた日々から、毎日ビデオ会議で早朝から深夜まで時差と戦いながら家から仕事をしている日々です。なかなかしんどい状況ではありますが、これも変化と割り切って頑張っていきたいと思います。

　とはいえ、人と顔を合わせる頻度が減ってしまったのは残念でもあります。早く状況が好転してメンバーの顔も見ながら挑戦をし続けたいとも思います。

3　変化し続けながら受け入れて、世界に羽ばたいていこう

　今の学生の方々は、我々が経験している変化を超える大きな変化に直面する社会人人生になると思います。そのために今大学時代に必要なことは、変化し続けることができる自分の基礎を作ることと、世界で生き抜いていく武器を手に入れることだと思います。

　日本の成長は残念ながら他国に比べて鈍化していくことは避けられず、何もしなければほとんどの企業は海外の大きな流れに淘汰されていく時代も予想されます。一方で海外を見てみるとまだまだ日本の企業の価値を活かすことができるフィールドはたくさんあります。

　世界で生き抜く武器の1つに言語の問題があると感じます。ずばり英語力です。

　他国を見ると当たり前のように英語を学び使って日々生活や仕事をしています。一方日本では英語は知っているが使えないという方が大多数であるのが実態です。

　せっかく日本には良いものがたくさんあり、海外に必要とされている物が多くあります。たとえばLIXILの製品は家を持っている人が前提ですが、世界には家を持っていない人たちが非常に多くいるのが実態です。でもそのような人たちの衛生問題を解決できる製品も持っています。手を洗うことができない人たちにできるような環境を提供することや、安全にトイレを使用で

きない人たちに使える環境を提供することがどれほど素晴らしいことか。このようなことを自分の言葉で届けてさらに価値を加えることをしてみませんか？

　たかが言語、されど言語。使えるようになった世界の広がりはみなさんの予想を超えると保証します。ぜひ生きた言語を学生時代に身につけて社会に羽ばたいていっていただきたいと思います。

　次に大切なのは多様性を受け入れることです。日本人は日本人同士でいることが非常に多いですが、やはり変化に乏しいと感じます。世界にはいろいろな方がおられ、いろんな考え方や価値観が存在しています。それらを知るたびに新たな気付きがあり、可能性の広がりを大きく感じます。

　日本にはLIXILのように世界の衛生問題を解決する方法を持っている企業や、その他世界最高品質の製品を作れる企業や素晴らしい考え方や文化があります。それを支える日本発のグローバル企業のベースにはこのような多様な環境から学び、それに合わせた変化があったからだと大きく感じます。

　ぜひ多様性を受け入れて、自分を変化させ続け時代の最先端で活躍できる人材を目指してもらいたいと思います。

自然で柔軟な人と機械のコミュニケーションを実現し、ストレスのない社会を目指して

山中仁寛
Yamanaka Kimihiro

2000年 理学部
経営理学科卒／
2002年 自然科学
研究科 情報・システム
科学専攻 修士課程修了
／2005年 自然科学
研究科 情報・システム
科学専攻 博士
後期課程修了

甲南大学
知能情報学部　准教授

趣味・特技
散歩、キャンプ
好きな言葉（座右の銘）
あせらず、あわてず、
あきらめず

1　研究っておもしろすぎる！

　学生時代は部活動もサークル活動もせず、入学当初からさまざまなアルバイトをたくさんしていました。みなさんの周りにいる、バイトばかりしているやつでした。私が所属していた理系学科は、3年生から研究室に配属となり研究活動が始まります。それに伴い、今まで知らなかったことやこれまで学んだことの応用方法を知れたり、考えもしなかったことを考えたり、初めて触る計測器などを使う中で新しいモノを発見するおもしろさにのめりこみ、3年生の夏休み前にはすべてのアルバイトを辞めていました。本当は、課題や実験が忙しくてアルバイトをやってられなくなったことは内緒です。

　当時、私が所属していた研究室では新しい研究として人を測る（脳波や心電図などの生体計測）ことを始めていました。タイミングよく、その研究に参加させてもらったことで、人の反応の違いや特性の奥深さに気づき、もっといろいろな知識を得たいと考えるようになりました。このころが人生で一番勉強したように思います

が、興味のあることだったので遊んでいるような楽しさでした。もう少し、研究を続けたいと考え大学院の修士課程に進学してからは、人の考えやしたいことを外から測って理解する、つまり「体に直接聞く」技術を創りたいと考えるようになり、このときに「将来は研究者になりたい」と思ったことは明確に覚えています。

　そうなると、博士課程に進学し学位を取得することが目標になりました。博士課程の3年間は、実験をして、解析、まとめて発表、論文作成の繰り返しで、ずっと学会などの締め切りに追われ続けていたので、本当に苦しかったですが辞めようとは思いませんでした。やっぱり、興味があることだったのでおもしろかったこともありますが、実験で思い通りの結果が得られたり、満足できる発表、論文が完成したときの達成感が半端なく、あっという間の3年間でした。また、研究室が民間企業と共同研究も実施しており、企業の研究者の方々と実験やディスカッションをさせてもらう中で、多様な人たちとチームを組み、共働することで培われる良好な人間関係を築くスキルを身につけられたことは財産になっています。

　そして、無事に学位も取得できることになり、就職となりますが研究職に就くのはなかなか難しく、結構な数の応募にトライしました。そんな中で、ありがたいことに民間の研究所か大学かを選べることになり迷いましたが、大学へ就職することになりました。大学であれば、自分がしたいと思ったときに、好きなことを研究できると考えたからです。つらくても、興味あることなら頑張れるものです。

2 「ヒューマンセンシング」で 未来をかえる

　2006年4月から東京都立大学（当時は、首都大学東京）で働くことになりました。助手として所属した研究室では、自動車のカーナビゲーションの設計に関する研究をしていました。この研究に私が続けていた人を測る技術を応用することで、ユーザがカーナビを快適と思っているか、カーナビによる

情報提示が運転の負担となっていないかなどを評価する手法の開発に取り組みました。当時、自動運転が流行りだしたこともあり、この研究に自動車メーカーが興味を持ってくれて、研究室の責任者となってから共同研究を長年続けています。

　ここで、少し研究の紹介をさせてください。みなさんは、最近よく耳にする自動運転という言葉についてどんなイメージを持つでしょうか？「クルマが勝手に走り出して目的地に連れて行ってくれる」というイメージでしょうか。確かにその通りですが、現状ではみなさんのイメージの一部しか実現できていません。正確に表現すると一部自動運転というレベルです。

　日本政府や米国運輸省道路交通安全局では、自動運転のレベルというものが定義されています。すべての操作をドライバが行うレベル"0"から完全自動運転のレベル"5"まであり、日本ではドライバの補助機能が実現している程度でレベル"2"に相当します。そのため、交通システムにおける安全・安心な環境を実現するためにはドライバが起こしうる多様な挙動・状態を推定する技術が必要です。なぜなら、ドライバが操作を間違ったり、失敗したりして起こる事故を防ぐためにドライバの状態を監視する技術が必要となるからです。これにより、ドライバが適切な状態で運転行動を行い、事故リスクを削減することが可能となります。

　私の研究室では、これを実現する手段としてカメラを主としたさまざまなセンサから、運転中のドライバの顔の向きや視線といった局所的な情報と、姿勢や動きに関する大局的な情報を抽出し、機械学習を用いることでドライバの余裕度を推定することに成功しています。将来的には、今流行りのDeep Learningなども用いてドライバの感情状態の推定を高精度に認識することを目指しています。感情状態の推定が可能になれば、機器が人間同士の対話のように空気を読むことができるようになり、より自然で柔軟な機械とのコミュニケーションが実現できるはずです。人と機械の新たな関係は、快適で心地よいコミュニケーションの実現につながります。「ヒューマンセンシング」は、今後のエンターテインメントを支える技術への挑戦であり、興味の

広がる研究ではないでしょうか。

　研究の話が長くなってしまいましたが、2016年4月に甲南大学知能情報学部に異動し、現在は母校で働かせてもらっています。私の学生時代の指導教員が使用していた研究室を使わせてもらい、戻ったときはなつかしく、すごく感動しました。今は、後輩となる学生のみなさんと一緒に研究ができることが楽しく、充実した毎日を過ごしています。

3 目標なんて定まらなくてもいい、「なんとなく」で十分

　学生のみなさんへのメッセージというと、「目標をしっかり定めて、取り組む」みたいなことをよく聞きます。もちろん、正しいと思います。学生時代の早い段階で、目標が明確になっていれば、悩むことも少ないかもしれませんし、充実した学生生活だった！　と将来思えるかもしれません。しかし、「目標が定まらなくてもいい」と思います。人生は常に現状に満足せず、進むべきだし、いろいろなことを学べば、やりたいことが変わってくるのもあたりまえです。

　「なんとなく」から始まる可能性を信じてみてください。私自身、「なんとなく」で始めたことがほとんどです。学生時代の研究室選びも、研究テーマ選びも「なんとなくおもしろそう」と思って決めました。こんなきっかけでも、今の私に大きな影響を与えています。

　新しい何かを始めるときに、いちいち理由を論理的に考えていては、理由を考えるだけで膨大な時間がかかってしまいます。だから、そんなことをいちいち考える前に、「なんとなく」でいいから始めてしまった方がよっぽどいいと思っています。私たちは、未知のものに対して、適正に評価をすることはできないので、そういった未知のものを限りなく減らすこと、いろいろなことに対して積極的に触れることで、はじめて評価をできるようになるわけです。つまり、理由を考えるよりも、それを始めて得た経験から、自分の考え方や世界を広げることの方が、よっぽど役に立つと思います。

最後に、「なんとなく」やっていくときに、始めるのは「なんとなく」でもいいですが、始まってからは全力でやってみてください。そうすると、やり終えたときの達成感や充実感が大きくなり、違ったなと感じてもスッキリあきらめることができます。みなさんにも、「なんとなく」でいいからいろいろなことをして欲しいですし、これまで「なんとなく」やってきたことに対して、ちょっとでも見直してもらう機会になればと思います。"あせらず・あわてず・あきらめず"、のんびりとリラックスしてください。

甲南大学と私

山田美奈子
Yamada Minako

2001年 文学部
英語英米文学科卒

兵庫県立尼崎稲園
高等学校　教員

趣味・特技
友とコーヒー

好きな言葉（座右の銘）
またね

学生時代に所属していたサークル等
英語英米文学会

1　甲南大時代

「この中には甲南大学を選んで来ていない人もきっといるでしょう。」

甲南大学で初めて私の顔を上げてくれたのは当時の中西典彦学長のこの言葉でした。第一志望の大学に不合格になった18の私は、浪人する気迫も勇気もなく甲南大学の入学式に。下を向いて入学式に参列していた私に学長の言葉が響きました。「楽しんでください、甲南大学であなたを輝かせてください」

胸にプラスの気持ちが広がるのを感じて私は甲南生になりました。

大学で英語を強くしたいという目標を立て、まずどの授業もまじめに取り組みました。私のノートは試験前には友人の間で回るようになり、ある日学生会館のコピー機を使っていたら、隣で知らない男前の学生が私のノートのコピーをコピーしているのを発見。「そのノート、私のなんです」と声をかける勇気などもちろんなく、ただ一人ニヤニヤしたのを覚えています。このとき成績は優が8割。この結果が後の私の

人生を救ってくれるとは思いもしませんでした。このときはまだ男前にノート使ってもらえてラッキーくらいにしか思っていませんでした。

その後、雑誌「FIGARO」から出てきたような素敵な女性の先輩に夢中になり、入会した英米文学会でその方と仲良くなれたときには思わずガッツポーズ。友達になりたいと願い続ければ叶う、甲南大学時代で学んだ大切なことの1つです。

英語に関しては、2回生のときに臨んだ交換留学選考会で落選し、1年後にやっと合格。10か月間イギリス・リーズ大学へ。イギリス留学時代は、とにかく英語を使いこなせる人間になりたくて、部屋に籠って勉強ばかりしました。イギリス特有のお天気にもまんまと影響されて、気持ちはいつもどんより。現地の友達もあまりできず、ルームシェアをした中国人学生と励ましあう日々。10か月で納得する英語力を身につけられたという達成感は得られず、されど脂肪は10キロ身につけて帰国。英語学習は帰国後も地味に続きます。輝いていない自分と折り合いをつけながら、手探りの4年間でした。

それでも、もう一度大学生に戻れるなら即答で甲南大学！　と答えるのは、そこで出会えた人たちの存在の大きさゆえです。

2　卒業後

教員を目指していましたが、大学卒業後は「これからは英語しか話せない教師だと通用しなくなる（嘘）」と大義名分を並べ、不安そうに我が子をみる親をよそ目にフランスに飛び立ちました。アルバイトで貯めたお金は100万円。一番安い語学学校があったという理由で南仏トゥールーズへ移動し、ゼロからフランス語を学びましたが、5か月で貯金残高7万円に。絶望的な気持ちで、お洒落な石畳の道を7万円、7万円、と呟きながら歩いたことを覚えています。ふと顔を見上げると、アルバイト広告の掲示板に「住み込み家政婦求む3食付き」の紙が。広告持ち帰り厳禁のその掲示板の前で、これだ！と思った私は目にも留まらぬ速さで左右確認し、その紙を引きちぎりポケッ

トへ（ライバルは少なければ少ないほうがいい）。そこで1年間家政婦になりました。

　忘れられない出来事があります。勤め先の奥様は出勤前にフランス語で夕食準備の説明をします。何を言っているのかほとんどわかりません。でも作っておくべき料理のレシピもくださるので、後で辞書と格闘すればいいと私は笑顔で頷きます。その日の朝も必殺 oui oui（フランス語で「はい。はい」という意味）作戦で奥様の指示を承ってお見送りした後、何か嫌な予感がしました。あれ、奥様「フレッシュな鶏」って言わなかったか？　10畳はある台所のドアを開けた瞬間、予感は的中。愛くるしいお目々をした新鮮な鶏ちゃんが走り回っていました。職（食も）を失うことだけは避けたいと、震える手で＜鶏のしめ方＞と検索。ええ、やり切りました。夜お料理を運ぶ手が震えるのを誰も気づかなかったことが幸いでした。わかったふりはやっぱりあかんと思い知った、とある家政婦時代の1日です。

　その後は、ヨーロッパ各地からの季節労働者に混じってトウモロコシ畑で働いたりと、「なんで金持ち日本人がこんなところにいるんだ」と笑われながら、お金を工面して生活しました。そうこうしているうちに知り合いのフランス人に大学院を目指してはどうかと提案されます。私のフランス語力で？と驚くと、英語学部に入れば授業も英語だし、ついていけるんじゃないか、と。大学院に入れば、学費は年間7万円。住宅家賃補助も出るし、社会保障も付くから病院も無料、コンタクトも3割の値段で購入可。ただし、大学時代の成績は優が8割でないといけないし、卒業した大学の教授2名からの強力な推薦書が必要だ、と。

　藁にもすがる思いで、井野瀬久美惠教授と中村耕二教授に国際電話。「私が甲南で一番賢い生徒だったと書いてください！」苦笑されたお二人は、それでも2週間後には、先生方の知性と愛情の満ち満ちたる推薦書（後日フランス人教授談）を国際郵便で送ってくださいました。郵便受けの前で推薦書を抱きしめて、おいおいと泣いたのを覚えています。そのおかげでフランスの大学院に。その後仏大学院から米 UC・Berkeley にも交換留学で行かせてい

ただきました。気づけば甲南大学でのご縁に支えられて、4か国の大学で勉強することができました。それらの時間が今の私の支えになっています。

現在は兵庫県の公立高校で英語教師をしています。雑談多めなのが日々の反省点です。生徒は動くパワースポットです。高校教師という職業は本当におすすめですので、目指している方、ぜひぜひ、職員室でお会いしましょう！

3 言語習得道半ばのみなさんへ

20代後半のころ、フランスにまだいたある日、英語で話す私を観察していたフランス人の友が言いました。「美奈子は英語を話してるときはフランス語より上手いけど、何か傲慢な人にみえるね」確かに肩に力が入っていました。話せる自分をアピールするところもありました。そのコメントにショックを受けつつ、じゃあフランス語を話してるときは？　と緊張を隠して尋ねると、ワイン片手に笑いながら「小さな子供だね。」おい、どっちもどっちやないか。ただ、このとき痛感したのは、言語に自分の性格をのせて使いこなすことの難しさです。自分の性格を、英語やフランス語でも、日本語を話すときと同じように出せるのか。別人化していないか。そこが私の言語習得の第二のテーマになりました。現在42歳。やっと最近、素のままの自分を60％くらいは出せるようになった気がします。が、まだまだです。

言語習得、特に英語習得、一筋縄ではいきませんよね。資格試験も、TOEICもTOEFLも思うようには点数に出ない日々もありますよね。読めるはずの文章が、日によっては頭が真っ白になって全然わからなかったり。口から英語が思うように出ず、自分が嫌になったり。それでも言語学習をどうかどうか続けてください。その単語暗記の1つひとつが、他国の文化を理解する力になり、その検定試験勉強の1時間1時間が、未来の親友と過ごす時間を支える語学力になると信じてください。

私は途中であきらめた博士課程進学ですが、その当時共に学んだ後輩が、私との出会いをきっかけに日本民俗学の分野でフランス人初の奄美大島の研

究者として、2018年に博士号を取得しました。このように私の人生は、完成度で言えば低く、達成したことも少なく、言うならばデコボコです。でも、出会う人、出会う人が、その穴を埋めてくれ、歩きやすいものに、そして意味あるものにしてくれています。英米仏への留学も、今思えば、私は誰かに出会うために行ったのだと思います。当時は語学力をつけるんだ！　と鼻息荒く思っていましたが、語学力が理想通りになることが小さく感じるくらい、魅力的な誰かと友達になれたことのほうが宝でした。

　みなさんの言語学習のその先に待っているのは、「人」との出会いです。共に頑張っていきましょう。時には涙して、時には面白がって！

常に独自性を大切にして

村田隆志
Murata Takashi

2001年 文学部
社会学科卒

大阪国際大学
国際教養学部
准教授

趣味・特技
書、水墨画
好きな言葉（座右の銘）
不求不争不辞
学生時代に所属していたサークル等
文化会美術部

1 学生時代の思い出

中学・高校時代から歴史、特に日本史が好きで、文学部社会学科に入りました。1997年4月のことで、阪神淡路大震災で倒壊した校舎が新築された時期でした。3号館での最初の語学の授業では、まだビニールがかかったままの机や椅子を、先生の指示で自分たちで破って座り、何もかもが真新しい環境の中で学び始めたことを鮮烈に記憶しています。

政治史や制度史よりも文化史が好きだったのですが、この分野の科目はあまり開講されておらず、模索しながら関係する本を手当たり次第に読んでいました。さまざまなジャンルの本を読んだのですが、元々絵画が好きで、文化会の美術部に入っていたこともあり、やがて美術史に関する本を多く手に取るようになりました。

中学時代から書を学んでいたこともあって、美術部では水墨画を主に描いていましたが、指導者がいて、手を取って教えてくださるというわけではなく、水墨画はマイナーで、他の部員は誰も描いてはいない。ということで、こちら

でも模索していました。

そもそも画材の知識が乏しいので、周辺知識から学んでいこう、と大学図書館で和紙の本を読んでいたところ、甲南大学草創期には、英文学者であり和紙研究の権威でもあった、寿岳文章先生がおられたということを知りました。

そこで寿岳先生の本を1冊ずつ読み進め、和紙への想いの強さ、すべての要素をつきつめようとなさる執念、美しい文章と美への感性に衝撃を受けました。卒業論文では、佐藤泰弘先生のご指導をいただきながら、世界でも最も強靱な紙だからこそ可能な、和紙の着物「紙子」について取り組みましたが、寿岳先生は和紙の100%を論じておられるのに、紙子だけでは1%にも満たない。昭和を代表するような碩学の生涯の成果と、一介の学部生の卒論ですから、もちろん比較にならないわけですが、あまりの差が切なかったですね。和紙の研究では100%を達成するのはとても無理だと思いましたが、同時に、対になって書画を構成する筆には研究が極めて乏しいことも理解して、大学院でさらに深めようと思い、学習院の大学院に進学することを決めました。

2 美術史の研究者として、キュレーターとして

「甲南・学習院戦」で親しい関係にある学習院の大学院で、甲南出身ということで珍しがられながら博士後期課程まで学び、2006年に京都の相国寺承天閣美術館に学芸員として就職しました。相国寺は、金閣のある鹿苑寺、銀閣のある慈照寺の本山で、豊かな文化財を所蔵しているところです。近年人気の高まっている伊藤若冲の傑作《動植綵絵》を宮内庁から一括借用して開催した「若冲展」（2007年）などを手がけました。

大学院では筆や、近代の日本画家について研究していましたので、室町時代や江戸時代の美術が中心の仕事には当初とまどいがありましたが、ここで甲南での模索の経験が大いに活きました。これまでもさまざまなジャンルの

本を読んでいたので、大略については知っており、そこから深めていきやすかったのです。何が幸いするかわからないものだと思いました。学芸員は1人だけだったので禅僧の書「墨蹟」や肖像画「頂相」、仏像、茶道具などまでカバーしなければならず、本当に大変でしたが、得難い経験でした。

　その後、2010年に現在の大阪国際大学に移り、日本美術史や博物館学を教えていますが、一方で美術館での展覧会活動も積極的に続けています。このように変化の激しい時代に、過去の博物館事情だけを教えるようでは学生さんたちが気の毒ですから、常に自分の知識と経験を更新しておきたいですし、私しか研究しておらず、存在が忘れ去られそうになっている優れた作家を顕彰したい、という思いもあります。筆の研究を活かして、日本最大の製筆地、広島県安芸郡熊野町の筆の里工房で特別研究員という非常勤の学芸員を務めるとともに、日本画の研究を活かして京都・嵐山の福田美術館の顧問も務め、展覧会に参画しています。

　美術館には、必ずしも展覧会のテーマを専門とする学芸員がいるとは限りません。このような場合に、外部の専門家に依頼をして展覧会に協力してもらいます。欧米では「ゲストキュレーター」と呼ばれる立場です。私はゲストキュレーターとして「筆の美」（2009年、五島美術館・筆の里工房）、「丹波と芋銭」（2015年、丹波市立植野記念美術館）「寄贈50周年記念　長谷川コレクション展」（山形美術館、2018年）などを手がけてきました。

　自分で企画した展覧会を持ち込み、開催館を募ることもあります。神戸出身の私にとって、研究活動をスタートした甲南大学も立地していることで地理的にもご縁がある神戸新聞社の企画「没後50年　松林桂月」（2013年、山口県立美術館ほか）「明治の金メダリスト　大橋翠石」（2020年、岐阜県美術館）などを開催してきました。みなさんにも、いつかどこかで私の展覧会をご覧いただけたら、嬉しいですね。

3 大学生活の中で、独自性の確立を

　私の入学当時は文学部に歴史文化学科がまだなく、社会学科の中で「現代文化コース・歴史文化コース」に分かれていました。私は歴史学の方を学ぶつもりでしたが、1・2回生のときには、社会学の科目も相当に学びました。そのとき「社会学とは、普通の人ならば特に気にもかけないようなことにも意義を見出し、視点を設定して研究を深めていく学問分野だ」という講義があり、大変興味深く思いました。

　私が主に研究しているのは筆ですが、これを専門にしているのは、中国に1人、日本には私だけです。書も、画も、東洋の近代以前の史料も、ほぼすべて筆で書かれているのですが、その研究は行われてこなかったのです。特に、日本の筆は1890年頃に大きな技術革新があり、その前後で大きく表現が変化するのですが。シンセサイザーやエレキギターが使われるようになる前と後の音楽が大きく違っているように、筆の違いで書画も変化しています。

　絵画の研究でも同じです。私が特に研究対象としているのは、明治以降、昭和戦前までの画家です。書画や煎茶の達人として「風流界の覇王」とさえ呼ばれた山本竹雲、日本人夫婦として初めて中国を訪れて学び、帰国後一世を風靡した安田老山、万博で金牌を連続獲得した日本一の虎の画家である大橋翠石、多様な活動で現代水墨画の父と仰がれる小室翠雲、最後の南画家、松林桂月ですが、これらの画家も、私以外に研究している人はほとんどいません。それぞれに極めて重要な存在なのですが。大切だが、ほぼ研究されていないことは、しばしばあるのです。

　寿岳文章先生も、和紙を学術的に研究するという問題意識がまだなかった時代に、1人でそのことに気づいて研究を深められた方です。蓄積がない、欠落しているところを、自分の力で補っていくのは、参考にできる情報が少ないため、極めて難しいことです。けれど、それだけにやりがいのあることでもあります。よく知られた研究課題の小さな問題点を、まるで重箱の隅をつ

つくように深く研究することも1つの方法ですが、独自の視点を見出して、大きなテーマに取り組むことの大切さを、私は甲南で学んだと実感しています。

　私は現在、非常勤講師として、甲南大学でも「博物館概論」「博物館情報・メディア論」などを教えていますが、以前よりも学生さんたちの個性が画一化してきているように思われることは少し残念です。創造性や感性を育むような課題を出しても、同じようなものになってしまいがちなのです。常に独自性のある視点を大切にし、他の人にはできないことの追求を、大学生活の中で行ってほしいと思います。どのような分野に進むにせよ、それこそがいずれみなさんの、何よりの武器になるはずですから。

社会人としての礎を築いた甲南での生活

有馬幹也
Arima Mikiya

2001年 経済学部卒

株式会社神明勤務

趣味・特技
ジョギング、フットサル

好きな言葉（座右の銘）
「理不尽に対する耐性・打破」、「人事を尽くして天命を待つ」

1 「学業100%、バイト100%、遊び100%、そして仲間」

　私は大学入学前から甲南大学経済学部で勉強するのがとても楽しみでした。高校2年生だった1995年に1ドル79円の円高になり、お金の価値が短期間の為替変動によって大きく変わることに衝撃を受け、そのときから金融・経済についてもっと勉強したいと思っていました。内部進学ではありましたが念願かなって甲南大学経済学部入学後、授業選択の際は「この授業は単位がとりやすい」という声は気にせず、自分が勉強したい授業をすべて選択しました。経済だけでも金融、開発、また国や学者ごとで異なる思想、歴史と幅広く、またリベラルアーツ、第二外国語と学部以外のことも多くの内容を学びました。高校までの授業は席も決まっていて受け身の授業でしたが、大学では出席をとらない授業もあり自分次第ですから、ここで自ら学ぶことの重要性に気づき、私はすべての授業に出席して積極的に前の席で授業を受けるようにしました。私は大学では自立したく授業料も自分で払うと決めていましたので、自分のお金で

学ぶことでハングリーな気持ちを持って大学に通えたのも良かったと思っています。

　授業料を稼ぐためにアルバイトにも力を入れました。コンビニ、飲食、野球場、競馬場、不動産、警備員、食品工場と複数をかけもちしました。複数をかけあわすことで空いた時間をうまく活用でき、多くの業種の仕事を経験していろいろな考えを持った仲間に出会うことができました。多くのアルバイトでお金に余裕もできたことで、学校やアルバイト先での老若男女幅広くできた仲間とは飲み会、旅行、フットサル、草野球と交流を深めることができてとても充実し、楽しい思い出がいっぱいです。

　サークルは関学大と合同の投資サークルに属していました。1人10万円ずつ拠出して株に投資するというものです。財務諸表を見ながら企業を分析して討論しました。また阪神タイガースの勝敗と阪神電鉄（現阪急阪神HD）の株価の連動性なども研究しました。一方で、個人でも金融の授業で学びながら株式や国債、先物取引への投資も実践して非常に良い経験になりました。あとなにより思い出に残るのは、3年生の頃の韓国へのゼミ旅行です。所属するゼミのメンバーと生まれて初めて海外へ行きました。現地の大学生と交流したりJETROを訪問することができました。そのとき力を入れて勉強していた第二外国語の韓国語が現地の大学生やタクシー運転手相手にも通じた喜びは、その後社会に出て海外で仕事をする大きな原動力になりました。こうして得た仲間・先生方との出会いと経験は、その後の社会人生活の礎であり、自信です。

2　中国・東南アジアでの自身の貴重な経験と現地への還元

　私はお米の貿易の仕事をしています。お米は日本、中国、韓国、アメリカ、ヨーロッパ、東南アジア、アフリカなど世界中どこでも栽培されています。その中で一番価格が高いのが日本で栽培されるお米です。日本米は甘みや粘りがありとてもおいしく、そして良い環境で育てられて安全性も高いこ

とから世界的に見ても人気が高いのです。近年のインバウンド人気を見ても
わかるように、お寿司やどんぶりなど日本食自体が海外でも人気が高まって
きています。これまで長粒米を食べていた地域でも日本米など短粒米のニー
ズが高まり、世界中で日本料理のお店の増加に合わせて日本米の海外への輸
出も増えています。それでも日本は生産量と消費量がまだまだ同程度といっ
たところですが、一方でフィリピンのように急激に人口が増えた国や、干ば
つでほとんど米が作られなくなったオーストラリアなどの国ではお米が足り
ず、輸入に頼っています。反対に、タイやベトナムなどは消費量よりも多く
のお米を栽培して海外へ輸出しています。

　私の仕事は日本のお米、またそれに限らず世界のお米をニーズのある国に
輸出入することです。そのため、世界中をまわり、栽培・生産指導から営業
まで行っています。2017年から2019年途中までは中国上海に赴任していま
したが、実質、月の半分はベトナムやマレーシア、残りは上海、北京、成都
などの都市と遼寧省、黒龍江省などの中国東北部をまわりほとんど家に帰ら
ない生活でした。2019年9月に帰国しましたが、その後も中国、ベトナム、
マレーシア、インドネシア、フィリピン、カンボジア、アメリカとほとんど
出張で海外での生活が中心となりました。

　いろいろ見て感じるのは日本の食べ物、特に主食であるお米のおいしさと
安全性のレベルは世界のどこよりも高いということです。きれいな水などの
環境に加え、品種改良、農薬肥料管理、精米加工技術など、まさに日本人が
車や電子部品などの分野でも先進技術を有し世界で戦ってきたように、真面
目に取り組んできたものづくりの成果が食の分野でも再現されているという
ことです。車や電子部品に比べると遅れましたが、農業・加工の分野でも日
本の技術の優位性は高く、世界的に見るとこれからまだまだ大きなチャンス
があります。また、私は、自らが日本のノウハウをベトナムやカンボジアの
生産地に持ち込んで農業に付加価値をつけて同国の収入を増やすことで、貧
困を解消する一助になればという強い思いを持っています。これは大学で学
んだODAなど開発経済の授業がとても活きていることを実感します。もち

ろん、日本の企業としても GDP の年間成長率が 2% にも届かない低成長の日本よりはるかに高い 6-7% の成長率のベトナムなど東南アジアでビジネスを行うことでその勢いを取り込めれば、両者にとって非常に価値のあることだと思っています。

3 当たり前に学校で授業を受けられる喜びと感謝

　日本では大卒者は中卒者より生涯収入が格段に高いです。これは厚生労働省のデータで正式に統計がとられている事実です。世界で見ても同様です。しっかり教育を受けてきた人ほど社会に出てからの収入は増えています。

　私がよく訪れるベトナムでは、ホーチミンの中心部でも路上でシートを敷いて眠るこどもをよく目にします。ホーチミンの路上は温暖な気候と雨期の雨などによる不衛生な環境でごきぶりやネズミがかけずりまわっており、その横でこどもたちが眠っているのです。夜には繁華街で物を売るこどもたちも多くいます。この中にはベトナムよりさらに貧しいラオスやカンボジアから売られてきたこどもたちも混じります。ベトナムなどの東南アジアの国では識字率が 100% ではありません。こどもの頃から教育を受ける機会すらないのです。

　東南アジアではすりや窃盗も多くあります。私も夜にホーチミンを歩いていると、20 歳前後の女性がいきなりぶつかってきました。一瞬でポケットから携帯電話が抜き取られていました。幸いにもその場ですぐに気がついて取り返すことができましたが、その女性に対して憤りを感じることは一切ありませんでした。教育を受けられないまま大きくなった人はこのような大人になってしまうと考えると、日本で当たり前に学校に行けた自分自身の境遇に感謝の気持ちとベトナムでの厳しい現実、不公平な差にとても悲しい気持ちになりました。

　いまこの文章を読んでいる現役の大学生の方がおられたら、改めて学校で学ぶことができる喜びを感じてもらいたいです。英語などの語学や資格、そ

の学部での専門性をしっかり身に着けてそれを磨いてほしいです。大学で学んだどんな授業も、無駄だったとか出席する必要がなかったというのは一つもありません。そのときに気がつかなくても社会に出てから役立つこともたくさんあると思います。アジア経済（高龍秀教授）、経済学史（奥田敬教授）、金融、財政、挙げるときりがありませんが、そのとき学んだ知識は一生消えることなくあとからじわじわ効いてきます。

　また当時のゼミ仲間、教授とは20年経った今でもグループラインでやりとりするなど、大切な仲間が数多くできたのも私にとって何より大切な財産です。ありきたりな言葉になりますが、よく学び、よく遊び、部活やサークルに励み、多くの仲間や教授と交流を深めて充実した学生生活を送られることをお祈り申し上げます。

逆風に負けない!!「甲南人」DNA

有村俊一
Arimura Shunichi

2001年 経済学部卒

株式会社広島銀行勤務

趣味・特技
趣味:釣り、読書、旅行
特技:すぐ忘れること
好きな言葉(座右の銘)
雲外蒼天

1 「孵化(ふか)」

　私は高校生時代、国立大学を目指し受験勉強をしていましたが、センター試験の英語でつまずき、2次試験で近県の国立大学を受験するも見事に全敗。それでも諦めきれず1年間の浪人を両親に懇願したものの、私は4人兄弟の第一子で妹がすぐ1学年下におり、在学期間の重複が長くなることを嫌った両親から許可してもらえず…泣く泣くすべり止めで受験し合格していた甲南大学に1997年4月に入学しました。それでも未練がましく実家からは大学受験の参考書を何冊も持ち込み、仮面浪人を決め込んでの大学生活スタートでした。

　そんな後悔を持ち込んでの大学生活でしたが、甲南大学の「学生の自主性を重んじる自由な校風」、「(阪神・淡路大震災による倒壊という悲劇を乗り越え)建替えられた新しい校舎」、「経済的に恵まれた家庭で育ったことが一目でわかる学生たち」、「オシャレながらも落ち着いた雰囲気を醸す岡本という街」のすべてが、落ち込み切っていた私の心を少しずつ解きほぐし

ていきました。

　大学生活ではクラブや特定のサークルには加入せず、友人と一時期目的の
ないサークルを作ったりして遊んでいましたが、特に力を注いだのが一人暮ら
しの生活費や遠距離恋愛にかかる交通費や通信費を捻出するために励んだ
アルバイトでした。時給が良いということで友人に誘われて、ホテルでの結
婚式や宴会の配膳を行うスタッフの派遣会社に登録し、週3～4日をアルバ
イトに費やしておりました。

　結局3年半続けることとなりましたが、見た目の華やかさとは異なり、結
婚式や宴会開始前の限られた時間での準備や終了後の怒号が飛び交う中での
片付けなど、肉体的、精神的に辛く何度辞めることを考えたことか。

　しかし、これまで知っている世界が家庭と学校だけの世間知らずだった私
はアルバイトを通じてホテル仕込みの接客マナーの習得はもちろんのこと、
他大学の学生だけでなく年齢や人生背景の異なる多くの人たちとの交流から
社会を学び、自分の人生や将来設計について深く考えるきっかけとなったこ
とは何物にも代えがたい経験でした。交流を深めた人たちの中には、大学8
回生の先輩や（時給が良いことから）正社員並みに出勤し、正社員より多く
の給料を貰いながら家族を養っておられる40歳代の強者もおられました。

　アルバイトに明け暮れた大学生活…と書くと何か灰色で寂しいイメージを
感じずにはいられませんが、いまとなっては時間的に自由な大学生だからこ
そ経験できた学びの形の1つではなかったかと感じております。

2　「羽化（うか）」

　かねてより「故郷に戻り、故郷に貢献できる仕事」に就くことを夢見てい
た私は、在学中から地方公務員を目指し公務員試験の勉強に励んでおりまし
た。

　一方で、当時の金融業界は激動期にあり、入学から間もない1997年11月
に都市銀行の北海道拓殖銀行が破綻。さらに、同時期に四大証券会社の一角

であった山一證券が自主廃業するなど、バブル経済崩壊後の変化への対応が不十分であったツケが一気に噴出し、その後も救済を目的とする経営統合などが相次いだ時期でした。

　そのような中で、ダイナミックに進む金融業界の変革に興味を持ち、就職先として魅力に感じるようになったのは学生生活の中で知らず知らずのうちに形成されていった「甲南人」としてのDNAの影響かもしれません。そうして2001年4月に故郷の地方銀行である広島銀行に入行することとなりました。

　現在は法人営業部という部署で医療関連担当として、主に医療・介護事業者に対する事業継続のための支援などを行っております。この業務に従事したきっかけは自ら手を挙げての病院への出向でした。銀行が舞台の、かの人気ドラマでは、出向は「片道切符の島流し」という負のイメージがありましたが、私の場合は医療業界の知識や知見を若手職員に現場経験を通じて習得させるという銀行の施策に、自らのキャリアをかけて臨んだものでした。金融機関の職員がこれまでの経験を買われ、事務部門の長に就く目的での出向は珍しくありませんが、医療機関への勉強目的の出向は広島銀行では私が初めてでした。（前例がないことなのですべてが手探りでしたが）

　現在、医療・介護事業者を取り巻く経営環境は厳しさを増しております。そのような環境下において、地域に必要不可欠な存在である「医療・介護体制の維持」を目的に事業者支援を行うことは地域金融機関の責務であり、日々やりがいを感じながら業務に励んでおります。

　一方、現在の金融機関も同様に厳しい状況にあると感じています。人口減少に伴うマーケットの縮小に加えて新型コロナウイルスの影響により、（我々地域金融機関が主戦場としている）地方経済は厳しい状況にあります。さらには、本稿の執筆のさなか（2020年9月）に就任された首相の就任会見では「地方銀行は多すぎる」といった指摘もありました。

　変革が求められている金融業界に身を置きながら、同様にこれから激動期を迎えようとしている医療・介護業界の支援を行っているという状況に不思

議な感覚を覚えますが、どんな苦難にも諦めずチャレンジしてきた母校と「甲南人」の誇りを胸に頑張っていきたいと考えております。

3 「蛹（さなぎ）のみなさんへ」

　学生のみなさんにアドバイス、というよりは1つだけお願いをさせていただくとすれば、ぜひとも「1秒たりとも無駄にすることなく何事にも全力で取り組んで下さい」ということです。

　みなさんはいま、「ある程度自由にできる時間」があり、そして「多少の無理を可能とする体力」があり、さらには一部ではありますが「法的、社会的に（これまでとは異なり）自分の行った行為が認められる」という特別な時期を過ごしています。実はいま、現金に換えることの出来ない素晴らしい宝物を手にしているのです。しかし、残念ながら我々は無形の価値あるものに対しては失って初めてその価値に気づくものです。かくいう私もその一人であり、いまでも大学生時代の夢を見ては2度と帰ってこない時間の愛おしさや切なさに胸が締め付けられる思いを幾度となくしております。

　他人に迷惑をかける、または命を失うようなことでなければたとえ失敗しても恥をかいても良く、むしろ失敗や恥は人間の成長に重要な栄養素の1つです。学生のみなさんには何事にも恐れずに果敢にチャレンジしていただくことをお願いします。

　さて、学生のみなさんにとって、いまの1分1秒はどのようなものでしょうか？　特に2020年は新型コロナウイルスの影響で世界中が一変しました。私個人に置き換えても「リモートワーク」やオンラインを活用しての取引先との打ち合わせ等、これまで想定していなかった変化への対応に戸惑っております。

　学生のみなさんはそんな私よりももっと大変な状況にあるのではないでしょうか？　座学による学習機会はオンラインの活用で確保するにしても、新しい人との出会いやそこから得られる学びや幸福感はオンラインでは補完でき

ません。（SNSで繋がること自体は否定しませんが）

　おそらく誰もが「コロナ前に戻れば…」と思うものの、本当の「コロナ前」はもう戻ってこないと認識されているのではないでしょうか。残念ながら「コロナ後」を受け入れざるを得ない状況にあるのではないでしょうか。しかし、悲しむことはありません。これまで私たちは（私が記憶しているだけでも）「バブル経済の崩壊」、「阪神・淡路大震災」、「東日本大震災」といった危機を幾度となく乗り越え、その後の環境の変化に対応し順応してきました。我が母校も「阪神・淡路大震災」では教職員、学生を失い、校舎を失うなど甚大な被害を受けましたが、その後、未曾有の危機を乗り越え見事に復興を遂げております。

　そんな素晴らしい先輩たちと同じ「甲南人」としてのDNAを受け継いでいる私たちにいまの困難を乗り越えられないはずはありません。さあ「甲南人」全員でいまの1分1秒を全力で楽しみながら共にこの危機を乗り越えていきましょう!!

自ら考え、学ぶ姿勢を身につけた大学生時代

若井史之
Wakai Fumiyuki

2001年 経済学部卒／
2005年 社会科学
研究科 経営学専攻
修士課程修了

アサヒビール株式会社
勤務

趣味・特技
家族と過ごす時間

好きな言葉（座右の銘）
ありがとう／
「ありがとう」を伝える

1 今につながる基礎力をつけた4年間

　大学の1年生から4年生の夏まで塾講師のアルバイトをしていました。中学生を対象に1クラス10〜20名の生徒を対象に、文系科目を教えていました。塾講師を選んだのは、私も中学生の頃にその塾の生徒だったこともあり、大人としての素養を学べると感じたためです。この塾講師経験がその後の社会人生活の基礎力や地力を養ったと感じています。

　塾講師は、私にとって新しい挑戦でした。若くても講師ですので、当時の自分なりにベストを尽くしました。授業の予習は欠かせません。どういう準備が必要か、授業のポイントはどこで、ゴールをどこにもっていくか、事前の「仕込み」がとても大切です。講師としての引き出しが少ない分、自分なりにできることを模索しながら、きっちりと取り組んでいました。

　この経験を通して次の3つの力がつきました。それは、「人前で話す力」、「板書や解説を通じて、人に伝える力」、そして「業務改善のサイクル（準備・実施・振り返り・改善）を主体的に

回す力」です。この3つの力は社会で働く今も、自分を支えてくれています。たとえば「人に伝える力」については、「中学生の生徒たちにもわかるように」という視点を持つことを意識しています。わかりやすさを心掛け、相手の理解度を見ながら、状況によっては表現も変えます。社内資料作成や発表後、同僚や上司から「今の（説明）良かったよ」と言われたときに、講師経験が役立っていることを実感しています。

　一方で、大学の勉強も意識して取り組んでいました。大学時代に「主体的に学ぶ楽しさ・大切さ」に気づくことができて本当に良かったと感じています。

　主体的に学ぶことについて「エンジンがかかったな」と感じたのは2年生の後半あたりでした。今までの学生生活やアルバイト経験を通じ、「自ら学んで身につける」喜びも浸透してきた時期です。ゼミでは課題に向き合い、自分なりの意見を考えるようにしました。また興味のある他の学部の講義にも出て、学んだこともありました。

　中でも印象に残っているのは4年生のとき、経済学部で募集された懸賞論文に挑戦したことです。初めての論文作成だったのですが、テーマの設定から考え、指導教員だった杉村芳美教授のご指導もいただき、試行錯誤しながらも完成させました。自分の考えていることや伝えたいことを形にできた達成感は良い思い出です。論文の結果は「佳作」で、賞をいただけて嬉しかったと同時に、社会へ出る前に自信がついたことを覚えています。

2　仕事を通じ、「学び」は今も続いている

　アサヒビール株式会社に入社以降、営業担当や営業サポート担当としてお客様に近い部署で働いていました。現在は、営業本部 営業部に所属し、本社スタッフとして内勤しています。

　当社の「営業部」は社長を始め、経営層と全国の営業部門をつなぐ役割を担う部署です。その中で私の所属するチームは「経営層の意思決定を数字

（売上や利益等）でサポートする」という存在意義を持っています。私はそのうちの「売上」に関わる日々の情報管理や、カテゴリー売上計画の策定に携わっています。慌ただしくも充実した日々を送っています。

　本社で働いて今まで以上に強く感じたのはチームで働く大切さです。それは単に今までより共に働く人数が増えたからというわけではなく、社員の多様性が増したからだと捉えています。多様性は魅力ですが、足並みがそろわないと真価が出ません。多様性を活かすためには、目標を共有した上でチームの連携が不可欠です。目標に向かってそれぞれの魅力を発揮することで、仕事の成果が大きくなりますし、実際にそのような経験を何度もしました。その達成感は心地良いものですし、働く意義を感じられます。

　また私が働く上で大切にしているのは以下の３つです。まず、相手の立場で考えること、次に、時には全体的な視点に立って考え、判断すること、そして、自分の気持ちを大切にすることです。そのために意見や気持ちをきちんと言葉にする（言語化する）ことが必要となります。チームで働くには認識や理解のズレがあると業務に支障が出ます。みんなが働きやすく、自分の力も発揮するために、これら３つのことをいつも意識して仕事をしています。

　この原稿を執筆している現在（2020年11月）、私は社内で行われている公募制の管理職研修に参加しています。これは約７か月のプログラムで、研修の学びを実務で実践し、ビジネスにおける業務推進力を養うものです。プログラムの最後（12月）には社長を始めとした経営層へ、会社をより良くしていくための提案も行います。今はその提案の「詰め」の真っ最中です。

　この研修に参加することで、普段の業務に加え、課題などの「やるべきこと」は当然増えます。しかし研修の後半に差し掛かった今も、目的意識を持って取り組めています。これも大学時代に「主体的に学ぶ楽しさ・大切さ」に気づくことができたためではないかと感じています。学生時代に得たものは財産となり、その後も活き続けると実感している次第です。

3 18歳の自分と話せるならば、 そこで伝えること

　大学時代は新しいことや変化もあり、多くの経験をしました。上述したように「社会人としての地力を養った時期」であり、「主体的に学ぶ面白さに気がついた時期」です。他にも「高校までとは違った友人ができた」、「文化系の素養を身に着け始めた」、「大人としての社会との距離感や関わり方を学んだ」時期でもありました。まとめると「多くのことを経験し、学んで成長できた4年間」でした。その中でも私が特に大切だと感じたことを、「1回生当時の自分」に話せるならば、次の3点を伝えたいと思います。

　まず、人は関係性の生き物であり、相手に寄り添う気持ちが大切だということです。切磋琢磨という言葉があるように、人は関係性の中で育ち、成長します。たくさんの知人よりも目の前の「あなたに好意を持ってくれる人」との関係を大切にしてほしい。その際に相手に寄り添う気持ちが大切だと考えています。

　次に、自分で考えて行動し、検証した上で、工夫する経験を大切にしてほしいということです。何かを成した「結果」も立派ですが、そこから何を学ぶのかが大切です。目に見える結果はわかりやすく、そこにとらわれがちですが、「結果の裏にあるもの」に成長のきっかけがあると思います。それは明確な答えがないものかもしれません。しかし、その行動を自分なりにでも検証することで、自分の得意・不得意な（行動・思考）パターンが見えてくるのではないでしょうか。たとえば塾講師のアルバイトなら「自分の授業を録音して、分析」してみるのは良いと思います。良い授業とそうではない授業に「声の大きさ、話す速度、間、抑揚等」に差はあるのか検証して次の授業の参考にしてください。それがやがては塾講師だけに使えるスキルを超え、あなた自身を支える力になります。

　最後は、「ありがとう」を言葉にして伝えることです。人と関わる際、大切なことは「ありがとう」の感謝の気持ちを贈り合うことだと思います。これ

は私が社会に出た後、後輩社員の行動から学んだことです。その方は口癖のように「ありがとう／ありがとうございます」と感謝の気持ちを言葉にして伝えていました。気がつくとその方の周りには支え合う良い空気感や関係性が築かれていました。その後輩社員の魅力は真似できませんが、「ありがとう」と感謝の気持ちをきちんと言葉で伝えることはできそうです。それ以降私も 10 年以上意識して行っています。「ありがとう」は仕事もそれ以外でも関係を構築するには大事な言葉だと感じています。

極めれば繋がる。
そして、出逢う。

林 由起子
Hayashi Yukiko

2002年 経営学部卒

**株式会社ファビンドン
代表取締役**

趣味・特技
バレエ、水泳、スキー

好きな言葉（座右の銘）
為せば成る、為さねば
ならぬ何事も

学生時代に所属していたサークル等
野球サークル

1 学生時代に出会うべき事

　私の大学生活は、憧れの地岡本での一人暮らしで始まりました。8人家族で育った私は、たまには1人になりたいと思う勝手な年頃、大学生活のスタートはワクワクしかありませんでした。しかし、実際は家事と勉強の両立、友人づくり、専門科目の講義。当時、「せやねん！」という番組で放送されていた「お母さん、今日の晩御飯なに〜」が、とてもうらやましかったのを覚えています。口先だけの「感謝」ではなく、身に染みる「親への感謝の気持ち」が芽生えました。大学時代に出会うべきものの1つに「感謝の想い」があると思います。今の私を振り返ってもこの「感謝の想い」があれば乗り越えられる問題が多いと思うからです。

　もう1つは、「一生心の支えとなるような経験」です。その時はどれほど大変でも、乗り越えた自信が、一生の宝物になるからです。私にとってそれは、オーストラリアへの3週間のホームステイでした。当時、オーストラリアはオリンピックを控え、シドニーを中心にどんど

ん開発が進んでいました。夢に向かって走り始めていた私は、外国文化と英語のシャワーを浴びたいと、英語力もままならない状態で出発しました。シドニーから7時間もバスに揺られ（もちろん日本人は私1人）、降り立ったのは見渡すかぎりの大草原。家なんてありません。動物しかいない牧場での若夫婦との3人きりの生活。初めて馬に乗った日は、3時間以上かけて山羊を迎えに行き、また、何もない草原で放牧から帰ってくる夫婦を5時間以上待つこともありました。朝一緒にお弁当を作り、銀蝿が飛ぶ牛の糞の上での一人ランチ。アボリジニーが住んでいた跡、野生のワラビー。

しかしいろいろな衝撃が、動物アレルギーとなって体にでてきてしまいました。「郷に入っては郷に従え」で過ごしていたつもりでしたが、体の不調はますますひどくなるばかり。「自分の状態を何とか伝えなければ！」と辞書を片手に必死に訴え、前代未聞のホームステイ先の変更。今から思えば、文化の違いを身に染みた得がたい経験でした。日本では、ホームステイといえばおもてなしの心の見せ所ですが、オーストラリアでは日常生活を見せる、つまり自分たちの生活はまったく変えず、ありのままを見せ、受け入れることなのでしょう。どちらが良い悪いではなく「違い」なんだなと感じました。

大学時代、周りへの「感謝の想い」、そして良い教授やいろいろな分野を夢見て活動している友人からの刺激や、何より3週間とはいえ、「あれよりひどい状況はそう無い！」と思える濃密な留学体験など「一生支えとなるような経験」を与えてもらいました。大学生活とは、そういった一生ものの宝に出会える最適な時間だと思います。

2 私の背中を押してくれた言葉「常に問題意識をもって物事を見る」「悩んだり迷ったら困難な方を選べ」

私は、26歳で結婚して6年生と2年生の2人の子供がいます。子育てをしながら甲南大学大学院社会科学研究科に在籍しています。私が今院生をしているのは、この子たちのおかげだと言っても過言ではありません。後にも述べますが、2人とも生後2か月頃からひどいアトピーに悩まされました。子

育ては大変ですが、何かしらの問題を抱えている子どもの場合はなおさらです。薬を使わない方針でしたので、定期健診に行くのもつらく、歩いているだけで道行く人から振り返られるという孤独との戦いでした。

しかし、アトピーの子どもの子育て経験から、「もっと子育てを楽しむこと」、「子育てを悩まなくても大丈夫」と悩んでいるお母さんたちの役に立ちたいと思うようになりました。でもどうやって？ 私にはアトピーの子どもの子育て経験しかありません。一主婦が、自分の経験だけをもって何を支援することができるのだろう。そんな時、大学時代の恩師である西村順二教授の言葉を思い出しました。「常に問題意識をもって物事を見る」今の想いを伝えに、西村先生に会いに行きました。明確な研究目的もわからず、ただ熱い想いだけをひたすら訴えた私に、西村先生は「マーケティングの視点から見れば、今あなたが抱いている問題意識に答えがでるのではないか。家族の理解を得たうえで、修士課程で学ぶという選択肢もある」とアドバイスをくださいました。この年齢で、修士課程入学!? 私にはハードルが高すぎるのではないか、と自分から言い出したもののしばし立ち止まってしまいました。

この時、もう1つの言葉が私の背中を押してくれました。それは、父に常々言われている「悩んだり迷ったら困難な方を選べ」という言葉です。楽な方を選んでも自分にとっての成長はありません。越えられない壁はないのです。こうして12月に初めて甲南大学へ相談に行った私は、年明けの3月には大学院の面接を受けに行っていました。

そして2019年4月から西村順二教授のもと、マーケティングの視点から「子育て支援機関と母親を繋ぐより良いサポートの在り方」について研究しています。「私のように1人で悩んでいるお母さんたちの役に立ちたい」という素朴な願いから始まって、研究を進めるにつれて確かな手応えを感じています。一番のテーマは、支援機関側の供給体制と母親側のより良いマッチングについてです。保育機関を調べたり、お話を聞いたりする中で「人との繋がりの大切さ」を身に染みて感じています。必ず自分にとって必要な人に出会えるし、必要なことが起こるので、これからの研究の行方が楽しみでなりません。

3 みなさんに贈る3つの言葉

　これからの人生に向けて期待と不安とが入り混じっているであろうみなさんに、私の今までの経験から3つの言葉を贈りたいと思います。

　・辞め時を見極める

　・やり始めたら、何事も極める

　・人との出会いを大切にする

　大学卒業後にオンワード樫山へ入社しすぐ百貨店に配属になった私は、「仕事の効率化・無駄な残業の廃止・スタッフのモチベーションの改善」が必要だと感じ、店長になる目標を立てました。入社4年目で梅田阪急の店長に抜擢され、その年に全国No.1の売上を達成することができました。しかし、その途端、将来が見えにくくなり、結婚を期に退社することにしました。周囲に引き留められましたが、次へのステップアップのためには、「求められているうちに辞める」ことが必要だと感じました。

　結婚後、歯科医師一家の夫の実家の会話を理解できないことが悔しくて、歯科衛生士を養成する専門学校に2年間通いました。歯のことなどまったく無知の私が、2年後には国家試験に合格。成績優秀者上位5人として専門学校を卒業することができました。「一度やり始めたなら、何事もとことん極める！」が私の流儀。そこには、極めた人にしか見えない世界が必ず広がっています。

　結婚、妊娠、出産と幸せが続くと思っていた矢先、長女が生後1か月頃から顔に湿疹が出始めました。当初乳児湿疹だと思うも、なかなか治らず、アトピーと診断されました。新米ママでも何でも極める私は、違和感を持ちながらも小児科で出されたステロイド薬をしっかりと塗っていました。そんな時、父を介して数十年にわたって脱ステロイドを推奨する方と出会います。「脱ステ」でアトピーと闘う方のお写真をその方から見せていただいたとき、「子どもの将来のため薬を使わずに治す」そう心に決めました。しかし、現実

はそんなに甘くはありません。薬の副作用で湿疹はどんどんひどくなり、掻いて血だらけになって泣き続ける娘。母親である私も涙にくれる日々でした。全身ケロイド状態になっていても笑って私を見る娘に対して、「頑張って治してあげたい」という想いでいっぱいでした。

　そんな時、岡山にあるアトピーの人が通う療養湯と出会います。当時、大阪に住んでいた私は、朝に車で岡山に向かい、療養湯に入れ夕方に大阪に戻るという生活を始めました。そこでもまた新たな出会いがありました。入浴されていたおばあちゃんの「人生80年のうちの1年がなんぼや！　この子のためにも、毎日ここに入りに来なさい」という一言で、家族総出のアトピー完治へ向けての闘いが始まりました。1年後娘は見違えるほどきれいな肌になり、それ以来アトピーは出ていません。理解してくれる家族、相談できる人の存在は、私にとって何よりのものでした。4年後生まれた息子にも同じ症状が現れました。上の娘を幼稚園に送り、その足で岡山まで行き、幼稚園に迎えに行くという生活を送りました。今度は同じ状況で苦しむ人を励ませる自分がいました。

　人との出会いは、本当に大切です。本気で取り組むとそこには必ず、必要な人との出会いがあります。私もまだまだ続くこれからの人生、人に勇気を与え、悩んでいる人を助けるお手伝いがしたいと大学院に通って学び直しています。これから未来に向かって羽ばたくみなさんが素敵な人生を歩まれますように。

大学生活20年

谷本達哉
Tanimoto Tatsuya

2004年 文学部
日本語日本文学科卒

学校法人南山学園勤務

趣味・特技
スポーツ観戦
好きな言葉（座右の銘）
それでもなお
学生時代に所属していたサークル等
体育会陸上競技部

1 社会人としての礎

　「ミレニアム」と騒がれた西暦2000年、私は甲南大学文学部に入学し、同時に陸上競技部に入部しました。全日本インカレや国体などで活躍する部員も多数いた中、競技力が高くなかった私には目立った戦績はありません。それでも、当時まだ土のグラウンドだった六甲アイランドで毎日必死に練習しました。その結果、最終学年には関西学生駅伝に選手として出場し、中学校から10年間続けた競技生活を終えられたことは私の財産となっています。

　2002年の関西インカレでチームが二部に降格した直後、私は主務に任命されました。翌年の関西インカレでの即時一部復帰を目指し、同期の主将らと話し合いを重ね、行動と意識を変革するため「全体練習日を増やすこと」「頭髪を黒くすること」を決めました。この方針を私がミーティングで全部員に伝えた際、後輩からは「髪を黒くしたら速く走れるんですか？」などと多くの反発もありましたが、私たちは計画を断行しました。「弱くて降格したのだから、何かを

変えなければいけない」という一心でした。このミーティングの直後に部を離れた仲間もいたと記憶しています。しかし、多くの後輩たちが理解を示してくれました。彼らに感謝しています。それでも、翌年、チームを一部に昇格させることは叶わず、以来、二部のまま現在に至ってしまったことを申し訳なく思っています。

　陸上競技部では、競技に打ち込んだだけでなく、現在の職業生活の礎となる大切なことを学びました。特に貴重だったのは、学生時代に多くの社会人と接する機会を得られたことです。ただし、これが貴重な経験だったと知ったのは、私自身も社会人になってからのことです。

　とりわけ主務を務めた1年間は、監督やコーチ、秀峰会（OB会）会長らに日常的な報告・連絡・相談をする役割を担いました。普段、企業にお勤めの方々への連絡手段は主にメールでした。毎回、言葉遣いに注意を払いながら、活動の報告や物品購入の相談等のメールを送りました。そして、よく怒られました。何に怒られているのかわからないままメールで謝罪し、さらに怒られました。慌てて監督に電話をかけても出ていただけず、翌朝、監督の自宅に出向いて謝罪し、メールとまったく同じ内容をお伝えしました。すると監督は理解し、助言してくださりました。それでも学習しない私は何度も同じ過ち繰り返し、そのたびに「お前は必要ない」とクビになりかけました。今なら自信をもって言えます。「私は人と直接会って話をすることの意味や価値を知っています」と。そして、今でも私は人に大切なことを伝えるとき、ましてやお礼や謝罪をするとき、できる限りメールは使いません。

　まもなく甲南大学陸上競技部は創部100年を迎えます。今も現役部員である後輩たちが日々頑張ってくれています。だから、必ずもっともっと強くなります。

2　学生とともに

　甲南大学を卒業後、私は名古屋の私立学校である学校法人南山学園に就職

し、現在は南山大学の教務課に勤務しています。もともと大学卒業後は、地元の岐阜県に戻って高校教員になることを目指しており、文学部日本語日本文学科で中学・高校の国語の教員免許状を取得しました。もしすぐに教員採用試験に合格できなくても、数年は非常勤講師などで実務経験を積めばよいと漠然と考えていた私は、あまり熱心に就職活動をしませんでした。それでも教育業界には興味があり、就職部（現・キャリアセンター）で教育関係の求人票を眺めていたところ、私立学校の事務職の募集を見つけたことが現在の職業を知るきっかけでした。もちろん、大学在学中から学生部や教務部の職員のみなさんに大変お世話になっていたのですが、職業として意識したことはありませんでした。そもそも、私は教員くらいしか職業を知らなかったのかもしれません。いくつかの私立学校の事務職の採用試験を受け、縁あって 2004 年 4 月から現在の職場に勤めています。

　南山学園は、幼稚園、小学校、中学校、高等学校、大学、大学院を擁するカトリック系総合学園ですが、私は就職して以来、入試課、キャリア支援室、国際センター事務室、教務課という大学の 4 つの部署を経験してきました。いずれも学生・生徒と直接関わる機会の多い部署です。入試課、キャリア支援室では高校生や大学生の人生の岐路に立ち会いました。高校に出向いて大学や学部の特色などを紹介する入試広報活動では、高校の教壇に立つ夢が叶いました。国際センター事務室では、外国人留学生の寮生活や日本人学生との交流を支援しました。また、上海に開設された中国事務所の視察や現地スタッフとの今後の国際化戦略に向けた意見交換、日本留学を目指す中国人学生の相談対応などを行ってきました。

　そして、現在の教務課では、課長として時間割編成、教室割当、履修管理など授業関連全般を統括しています。学生が毎日大学に来て、それぞれ授業の教室に移動し、そこに教員が入室し、授業が行われる、そんな当たり前の日常を支えるのが今の私の仕事です。しかし、2020 年度は、その当たり前の日常が新型コロナウイルスによって失われました。春先から、主役不在の静かで寂しいキャンパスで、学内関係者と協議を重ね、経験のないオンライン

授業の環境整備をしています。学長をはじめとする大学執行部による毎週の対策本部会議に現状を報告し、今後の方策を打ち出すための基礎資料作成や各種提案を行う毎日です。こうした日々も在学生にとっては、南山でのかけがえのない学生生活の1日であることを思えば、無駄にできる時間はありません。まずは学生で賑わうキャンパスの日常が戻るまで走り続けます。

3 「考える力」は AIに負けない

　私は人工知能（AI）の専門知識を有しているわけではありませんが、学生時代から教育業界にこだわったのは「この先、世の中がどれだけ発展しても、人にしかできない仕事をしたい」と考えていたからです。当時から「将来"教育ロボット"が学校教育の現場に登場するかも」などと素人の妄想を抱いていたものの、人を育てられるのは人だけだと信じ、教育業界を志しました。

　近年、国内外の研究機関から「何年後に何％の仕事がAIに代替される」などの論文等が公表されていますが、人にしかできないことが必ずあります。私はこれからも教育現場に身を置き、若い人材を世の中に輩出していきます。今は南山大学の学生のために働いていますが、母校に通うみなさんへの期待も同じです。社会はみなさん1人ひとりの"人間の力"を必要としています。

　では、この先の社会で人間のどんな力が必要なのでしょうか。私は「考える力」だと思っています。AIの発達により、例えば、単純に知識を必要とする仕事、素早さや正確性を求められる仕事などは人間が不要になるかもしれません。しかし、膨大な情報を精査し、物事の本質を捉え、問題解決策や新たな価値を創造する思考力は、人間ならではの力として求められるはずです。

　私がキャリア支援室で就職支援を担当したのは、リーマンショック直後の2009年から約8年間です。この間に東日本大震災も発生しました。私はほぼ毎日、企業の採用担当者と面会しました。予測不可能で先行き不確かな時代において、将来を切り拓く人材として企業が大学に求めたのが「考える力」をもった学生です。一方で企業は、多くの学生は自ら考えて行動することが

苦手だと感じていました。大学生は受験を通じて、1つの正解を導き出すことには慣れています。しかし、実社会で直面する問題の正解は、必ずしも1つではありません。そもそも正解が存在するのかさえもわからない難題にも果敢にチャレンジできる人材が求められています。

　こうした人材を育成するため、小中高校の学習指導要領の改訂では「主体的・対話的で深い学び」「学びに向かう力、人間性等の涵養」が提唱され、大学入試改革として共通テストで「知識・技能」に加え「思考力・判断力・表現力」「主体性・多様性・協働性」を問う方針です。そして、実は甲南大学には100年以上前から現代にも通用する教育が実践されてきた歴史があります。さらに近年は先生方が工夫を凝らし、アクティブラーニングなどを積極的に導入されていることと思います。

　環境は整っています。あとはみなさん次第です。キーワードは「教養」です。文理融合の総合大学であることが甲南大学の魅力です。学部や学年を超えた多くの友人を作り、授業でも授業以外の学生生活でも豊かな教養を身につけてください。そして、受け身ではなく、自ら考える力を培ってください。甲南大学で学ぶみなさんの未来は明るいに決まっています。

KONAN魂
〜未来を拓くためのメッセージ〜

松岡 誠
Matsuoka Makoto

2004年 経営学部卒／
2006年 社会科学
研究科 経営学専攻
修士課程修了

三井住友海上
火災保険株式会社勤務

趣味・特技
ゴルフ、キャンプ
好きな言葉（座右の銘）
嘔心瀝血、
艱難汝を玉にす

1 互いに切磋琢磨する仲間ができた大学生活

　大好きだったサッカーアニメ「キャプテン翼」に登場する三杉淳の「限られた時間で必ず結果を出すパフォーマンスの高さ」に魅せられて、小学生から高校生までの12年間、サッカー一色の生活をしていました。サッカーボールを日夜追いかける体育会系男子として、「負けず嫌いで、勝つことを前提とした戦略、分析が大好きで、誰よりも諦めが悪く、ストイック」に活動してきた私ですが、キャプテン翼や三浦知良選手、海外サッカーの影響を受け、世界に興味を持っていたことから、大学に進学する際も、「将来は世界で活躍するビジネスマンになりたい」と考えていました。これまでの人生では近い価値観をもった友人が多く、また勉強に時間をほとんど費やしてこなかったことを課題ととらえ、大学進学後は、価値観の異なる友人作りと、多岐にわたる領域に興味を持ち勉強を始めることにしました。

　今、三井住友海上火災保険株式会社で、周りの社員とはちょっと異なる個性を発揮しなが

ら、とても楽しく仕事ができているのは、今でも切磋琢磨し合っている価値観の異なる仲間との大学での出会いや、彼らから学び方を教えていただいたお陰です。そんな私の大学生活での出会いを、少し思い返したいと思います。

　まず、取り上げたいのは、友人、大学職員の方との出会いです。私が甲南に入学する際に思っていたことは、部活やサークル等のコミュニティには所属せず、マンモス校ではない甲南のメリットを最大限活用して、志を高く持ち、異なる価値観を持った友達を、学部を問わず見つけることでした。その友人たちとは、今でも定期的にコンタクトを取っています。業界が異なる友人との話は、ダイバーシティ＆インクルージョン（個々の「違い」を受け入れ、認め合い、生かしていくこと）を推進する中でプラスに働くことがとても多く、またビジネスにおいてもヒントとなるアドバイスがあるなど、卒業しても互いに切磋琢磨しながら、双方が刺激を受ける関係となっています。また、サイバーライブラリの司書さんや大学職員のみなさんも、驚くほど距離間が近く、身近で親身、まだ若輩者だった自分にとっては社会の健全な常識を教えてくれた存在で、人生の先輩としてとても有難いアドバイスを多々いただきました。

　次に取り上げるのは、恩師である加藤恭彦先生との出会いです。ゼミに所属した当初、加藤先生のおっしゃっていることや、思考がまったく理解できず、授業についていけませんでした。何がきっかけだったかは覚えていませんが、負けず嫌いの性格に火が付いたのでしょう、加藤先生の研究室をノックし、教えを請うことにしました。研究の仕方に始まり、文献の読み方、日本だけではなく世界の視点を常にもつこと、高い視座で物事をとらえることの大切さなど、とても多くのことを教えていただきました。当時はきっと生意気な学生だったと思いますが、加藤先生はいつも優しく、丁寧に教えてくださいました。加藤先生の教えは、今も仕事をするうえでも大変役立っており、感謝してもしきれない経験となりました。

　恩師との出会いで学問の面白さを知った私は大学院への進学をすることにきめました。

2 転職理由と 仕事のやりがい

　私は現在、三井住友海上火災保険株式会社に営業として勤めています。実は、この会社は2社目の会社で、大学院修了後に就職した証券会社から転職したのですが、その理由は2つあります。1つ目は大きな仕事ができるから、もう1つは、厳しい環境に身を置くことで自分の市場価値を高めたいと考えたからです。

　まず、大きな仕事ができるという点について説明します。損保会社は「間接営業」という営業スタイルをとります。「直接営業」のように直接お客様へ商品を提案するのではなく、お客様に保険を販売する販売代理店に対して指導や育成を行います。携帯電話を、NTT docomo の人ではなく、docomoショップ（代理店）が販売するという、携帯電話の販売体制を思い浮かべてもらえると理解がしやすいと思います。直接営業では、自身の営業力が販売実績に直結するという面白さがありますが、もし同じ労働時間を使って、コンビニより数が多いともいわれる保険代理店に対して上手に働きかけることができれば、もっと大きな販売実績を達成できる可能性があります。また、自身の想いに賛同いただけるエージェントを通して、広く、多くのお客さまに、想いを伝播していくことも可能になります。よりスケールの大きな仕事ができると考えました。

　次に、自分の市場価値を高めたいと考えた理由についてです。社会環境が目まぐるしく変化する現代では、私たちの周りを取り巻くリスクのあり方も、急激かつ大胆に変化しています。常に新しいチャレンジが必要とされる刺激的な環境に身を置かなければ、成長するチャンスを逸し、自身の市場価値を高められないと考えたからです。なお、三井住友海上火災保険株式会社は保険業界で唯一、国から経営革新等支援機関としてお墨付きをもらっており、本業である損害保険以外のソリューションをとても多く提供しています。また、CSV 取組（Creating Shared Value 取組：本業として「利益を獲得する」

という目的を解決するために社会的に意義のある事業を行うこと）を通じて、SDGs を道しるべに 2030 年に目指す社会像に向けた活動をしています。

　私は 2019 年 4 月より、北海道に転勤して仕事をしています。私は常々、地域社会と地域住民のみなさまの存在なくして仕事は成り立たないと考えており、北海道でも、自身の仕事を通じて北海道経済や北海道民のために何か 1 つでもお役に立ちたいと考えていました。

　北海道では一般的な自動車事故に加えて、雪道スリップ事故や動物との衝突事故等、地域性のある事故もあります。これをなくすことができれば、地域社会や住民が安心できる快適なモビリティ社会を実現できるのではと考え、着任早々社内外の関係各署に足を運び始めました（この取組自体は直接的な売上には全く貢献しないことですが、CSV 取組の一環で始めました）。関係者や社外弁護士、自治体や警察のみなさま等々との数か月にわたる打ち合わせを経て、何とか自動車事故を減らすためのスキーム（枠組み）を全国で初めて構築することができました、

　私たちを取り巻く社会環境全体は日々変化しています。あるべき社会を想い、現状とのギャップと、課題形成、それらを解消するための力、そしてコーディネート力などが発揮できたとき、とてもやりがいを感じます。

3　全力で、徹底的に、チャレンジして欲しい。

　新型コロナウイルスの影響で、2021 年卒の学生が就職活動に苦労されていると聞き、友人からの誘いもあり全国の学生さんと ZOOM 等を通して、就活相談にのるボランティアに協力しています。2020 年 2 月から 9 月まで、男女、希望業種問わず延べ 100 人程度の相談にのって感じたことも含め、みなさんへのメッセージを送らせていただきます。

　まず 1 つ目は、「他人のものさしで自分を測ろうとしないでほしい」ということです。ほとんどの学生が、エントリーシートの内容を見て欲しい、面接対策を教えて欲しいと、いった質問をしてこられますが、志望企業の「もの

さし（採用基準）」で、自分が内定をもらえるかを測るのではなく、自分という価値ある商品を、いかに企業に欲しいと思わせるか、説得力と共感を呼ぶようなプレゼン、インパクトや革新力のあるガクチカ（「学生時代に一番力を入れて取り組んだこと」の略）を大切にして欲しいと思います。そうすれば、お願いする状態（＝相手が優位）にはならず、堂々とした立ち振る舞いができます。また、志望する企業の企業理念や中長期経営計画、ビジョン、求める人財等々は、今のご時世、インターネットを活用すれば、なんとなくでも把握することはできます。そして、私たちを取り巻く社会がどのように変わって行くのかについても、証券会社が出している未来年表を参考にすれば、政治・社会、経済・産業、国際といったそれぞれの軸でイメージをもつことも可能ですのでご覧になってみてください。業界や企業が将来どうなのかを考えてみると楽しいですよ。

　次に、「スピード感を大事にしてほしい」ということです、デジタル技術の日々の進歩によって、さまざまな領域で環境変化がとてつもないスピードで起きています。環境変化に合わせた事業の軌道修正や、そのスピードが遅い企業は、あっという間にマーケットで置き去りになります。従来の単純な資本金を尺度とした大企業や中小企業という区分はなじまなくなり、もしかしたら変化に順応するスピードによって、「高速」企業、「低速」企業といった考え方に変わるのでないかとも思っています。デジタルネイティブ、Z世代のみなさんの発想や価値観は、実は社会の第一線で活躍している先輩が欲している力でもあります。みなさんはその価値観やアイデアを大切に、積極的かつスピード感を持って、どんどん発信して欲しいと思います。

　最後に、「高い視座を持って欲しい」ということです。世界経済、日本経済、そして関西経済等々、視野を広く、全体を俯瞰する高い視座を持って、何事も考えて欲しいと思います。社会を取り巻くさまざまな課題を解決するため、また今の生活をよりよくするため、等々の着眼点で、日々新しいサービスや企業が生まれています。受け身で生活をするのではなく、このような視点を意識しておくと、ビジネスにおいても非常に役立ちます。また自己研

鑽のうえでも、自分が世界からみてどれだけの市場価値があるのか、といった考え方もでき、求められているスキルと足りないことを明確にして努力し続けられる人財になると思います。

　最後になりますが、甲南には素晴らしい先輩が本当に多くおり、また甲南の繋がりはとても強いものがあると感じています。常識にとらわれず、失敗をおそれず、どんどん先輩を巻き込み、よりよい社会、未来を共に作っていきましょう。

甲南人として「今」を生きる

川畑高一
Kawabata Takahito

2005年 法学部法学科
卒

川畑高一税理士事務所
税理士

趣味・特技
外食、ウイスキー、海外
ドラマ鑑賞

好きな言葉（座右の銘）
小さいことを積み重ね
るのがとんでもないと
ころへ行くただひとつ
の道

1 恩師との出会い

大学受験当時に流行った木村拓哉さん主演の「HERO」という検察官を取り上げたドラマに影響を受け、法学部に入学しました。入学前は、司法試験を目指して、勉強三昧の日々を送ることを想像し、胸が高鳴っていたことを覚えています。しかし、現実は神戸の街、岡本に佇むお洒落な校舎、華やかな大学生を見て、「HERO」のことはスッポリと抜け落ち、いかに大学生活を楽しむか、ということしか考えていませんでした。

しかし、私の大学生活の半分は色褪せた日々でした。高校時代はハンマー投げに没頭していたのですが、燃え尽き症候群になっており、部活やサークルに所属する意欲が欠落していました。当初の目的であった勉強はというと、大学に入学できたことで安堵し、まったく勉強に身に入らないというような状況でした。大学生活を謳歌するどころか、そもそも何をしたいのかすらわからず、バイト三昧の日々が続きました。

こんな私の大学生活を色鮮やかにしてくれた

のが恩師前田忠弘先生との出会いでした。それは、3回生のこと。ゼミを選択する際、前田先生のお人柄に惹かれて、絶対に前田ゼミに入りたいと思いました。私がそのように思うということは、他の学生も同じということ。前田ゼミは人気が高く、面接による審査が行われました。確か2～3倍の競争率だったように記憶しています。幸い、合格することができ、晴れて前田ゼミ生の一員となることができ、声を上げて喜びました。

　前田ゼミが始まると、今までの大学生活とは一転して、楽しい日々が待っていました。前田先生を中心に、ゼミ生みんな仲が良く、勉強はそこそこに、甲南ハイボールで酒を交わし、語り、大笑いする、楽しい時間を過ごさせていただきました。ゼミ旅行では、大分県にある少年院の見学、海を越え韓国の裁判所の見学と、前田先生の計らいで、私たちの望むことを自由に選択させていただきました。ゼミの集大成である卒業発表では、今までの学びを芝居仕立てで報告し、感動のフィナーレを飾ることができました。大学生活を意味のあるものにしてくれたのは、前田ゼミであると言っても過言ではありません。前田ゼミで作ったTシャツは、今でも大切な宝物として自宅に保管してあります。

　私にとってもう1つ大きな出来事は、就職活動でした。そもそも、何をして良いかわからず、苦労しました。実家が空手の道場を経営していたこともあり、物心がついた時から空手をしていたので、何かスポーツ関係の仕事でもと思い、みんなが就職活動を始めている時に、私は柔道整復師の学校を受験したりもしていました。しかし、大学卒業後にさらに学費がかさむことから途中で断念し、就職活動を始めました。そこからは、「本当に自分は何をしたいのか」という問いと向き合い、自己分析に非常に力を入れました。就職活動を行うにあたりフル活用したキャリアセンターでは、非常に親身に相談に乗っていただき、大変勇気づけられました。もちろん、前田先生にも相談させていただきました。「30歳までに自分の道を決めたら良い」という前田先生のアドバイスは、私の心を軽くしてくれました。お陰様で、第一希望の製薬会社から内定を頂き、大学生活は幕を閉じました。

2 身近な税理士でありたい

　大学卒業後は、製薬会社でMRとして新潟に配属され、3年間働きました。大企業は、研修制度が充実しており、社会人としての「いろは」を徹底的に叩き込まれました。また、MRのお客様は医師である為、特に言葉遣いや、気遣いというものを非常に意識していました。もともと、人の役に立ちたいという気持ちで、薬を通して患者様のお役に立てればと、製薬会社に入社しました。しかし、実際は、当然のことながら、患者様と直接お会いすることはほとんどなく、医師への情報提供がメインのため、ジレンマを感じるようになりました。その後、人の役に立ちたい、という願望を満たすために何ができるのか、ということをとことん考え抜き、医師、弁護士、会計士（税理士）に辿り着きました。恐らく、MRをしていたため、専門知識を駆使して患者様のために奮闘しておられる医師の姿に、知らず知らずのうちに憧れを抱いていたのでしょう。ですが、当時私は27歳で、結婚して子供もいたため、仕事をしながらでも資格取得の可能性が高い税理士を志しました。

　製薬会社を退職し、神戸の会計事務所に勤めながら、空いた時間はすべて受験勉強に費やし、7年掛けて税理士になりました。税理士の資格を取得した時には、子供が3人いたため、子育てのことを考えて、妻の故郷である新潟に引っ越しました。そのタイミングで、開業しました。つまり、引越し、税理士登録、開業を同時に行い、今振り返ると、私の人生の最大のターニングポイントであったように思います。見知らぬ土地で、税理士として開業してもなかなかお客様が集まらず、苦労し、円形脱毛症になったり、仕事中に過労で倒れて救急搬送されたこともありました。しかし、今ではお客様もスタッフも増え、なんとか生活できるようになりました。

　税理士の仕事は、時代の変遷に伴い、変わりつつあります。従来は、お客様から資料をお預りし、会計ソフトへの入力の代行がメインでした。しかし、今はAIの台頭により、会計ソフトへの入力は簡素化され、日に日に自動化

に近づきつつあります。一方で、お客様である経営者は税理士に対して、「経営のアドバイスが欲しい」という要望を持っています。経営者に一番近い部外者は、実は税理士です。私自身も開業して身に沁みたことですが、経営者は本当に孤独です。だからこそ、私は、「身近な税理士でありたい」というキャッチコピーのもと、経営者のご相談に耳を傾け、一緒に考え、時には経営の気付きを与えられるような存在でありたいと心掛けて、日々の仕事に臨んでいます。お陰様で、当初の目的であった、人の役に立ちたいという願望を満たすことができています。お客様からいただく「ありがとう」が、私のエネルギー源です。

3 「今」を生きる

「今」を生きる。これは父に昔から事あるごとに言われ続けてきた言葉です。父は、残念ながら脳梗塞を発症し、失語症となってしまったため、父の口から聞くことは二度とないかもしれません。しかし、リハビリを乗り越え、もう一度父の声で聞ける日を望んでいます。

私の性格上、常に目的、目標を設定し、すべてのことに意義を見出そうとします。一見、将来を見据え、計画的に生きているようですが、常に心ここにあらずで、思考の中にある未だ存在せぬ未来の中で生きていました。そんな私を見て、父が「今を生きろ」と諭してくれたのでしょう。最初、何故そんなことを言うのか意味がまったくわかりませんでした。でも、今では少しわかるような気がします。結局、人生は「今」という点の集合体で、振り返れば線となり、そして、その先も、線で繋がっているのだと思います。先がどこに繋がっているかはわかりませんが、その「今」を大切に丁寧に一生懸命に生きることで、結果、素晴らしい人生になるのではないでしょうか。

学生時代からやりたいことなんて見つからないと思います。だって、働いたことがないのですから。経験してみて、やっと自分に合っているかどうか、本当にやりたかったことかどうか、ということがわかるのだと思います。第

一希望の就職先が、自分の本当の最終地点ではありません。「今」を一生懸命に生き抜くことで、成長し、別の環境がベターになることもあります。少なくとも私はそうでした。だからこそ、必要なことは、失敗を恐れず、気になることはチャレンジしてみることです。

　もし今学生時代に戻れたとしても、私は、恐らく税理士試験の勉強はしないと思います。正直、家庭を持ち、仕事をしながらの税理士試験の勉強は非常に辛かったです。もう二度としたくありません。でも、社会に出て、さまざまな経験があり、とことん自分と向き合ったからこそ、「今」に辿り着いたと思います。

　将来を憂うよりも、「今」しか感じ取ることができない、ご自身の直感を信じて、「今」を存分に味わってみてください。将来のことなんか誰にもわかりません。いくら計画しても、上手くいく時もあれば、上手くいかない時もあります。ただやらなければならない時にやり切るだけの覚悟さえあれば、乗り切れるものです。きっと、その軸は結局のところ、自分が選んだものを好きになれるかどうかだと思います。

　私は、甲南大学で恩師や仲間との出会いがあり、人生を変える程の影響力がありました。そんな「今」を楽しんできたからこそ、結婚式には恩師や仲間が出席してくれ、幸せな時間を過ごすことができました。私の人生のこの一部分を切り取っただけでも十分に幸せです。

　ぜひ、二度と過ごすことのできない「今」を存分に楽しんで下さい。

甲南大学で学んだことを振り返って

松山里絵
Matsuyama Rie

2005年 法学部法学科
卒

広州市松山飲食
有限公司　経営

趣味・特技

読書、旅行、お酒、料理、
語学（英語、北京語、広
東語、フランス語）

好きな言葉（座右の銘）

You are braver than
you believe, stronger
than you seem, and
smarter than you
think.

1 好きな事を見つけて海外に飛び出すきっかけを与えてくれた大学生活

　私が過ごした大学生活は常に新しい目標に向かってチャレンジが続く、とても楽しくワクワクするものでした。高校まであまり触れる機会のなかった分野である法学を専攻したことが新鮮で、ゼミや授業を自分で選んでカリキュラムを組めたり、専攻の授業以外にも他学部の人と一緒に講義を受けたり、時には講義の中で先輩方の留学体験談を聞く機会があったりと、常に刺激を受けながら過ごしていたのを覚えています。

　1年次の夏休みには、人生で初めてひとりでイギリスに短期留学に行きました。たった2週間という短い期間でしたが、当時英語がまったく話せなかった私にとって勇気を出して参加した留学プログラムでした。現地では同世代のスペイン人やポルトガル人と一緒にホームステイをしました。ヨーロッパとアジアの文化の違いについて肌で感じ、また英語で上手くコミュニケーションが取れなかった悔しい経験を沢山したことにより語学をもっと学びたいという目標

ができ、2年次からは、法学部の必修科目以外にも英語の授業に積極的に出席しました。

　大学の講義の中で最も印象に残っている授業は、国際政治学と、中級と上級の英語のクラスです。国際政治の講義では、ボスニア紛争や難民受け入れの問題について等、それまで遠い国のニュースだと認識していたトピックについて深く知りたいと興味を持っただけでなく、自分なりの意見や視点を持つ大切さを学びました。また先生は、レポートの提出を日本語だけでなく、英語での提出も認めてくださっていました。何でもやってみたい性質の私は、（本当に下手だったのですが…）人生で初めて英語でレポートを提出しました。レポートの出来はさておき、英語に苦手意識があってもレポートを提出できたことで自信がつきましたし、少し難易度の高い課題に取り組める学習環境にいたことで、何でも楽しみながらチャレンジできる姿勢が身につきました。

　また、中級・上級英語の講義では、インド出身の女性の先生の授業を受けたことがとても良い経験になりました。ヨーロッパ圏だけではなく、同じアジアの方の視点から語学以外にも国際性を身に付けることの重要性や、意見の述べ方等、海外で働く為のベースとなる知識を学べたことは、今でもとても役立っています。

　3年から4年にかけては、ニュージーランドへ1か月の短期留学、ゼミでのフィールドワーク、香港国際空港での海外インターンシップ、そしてかねてからの目標であったリーズ大学への交換留学を経験し、卒業後は海外を拠点とする会社で働いてみたいと思うようになりました。

2　楽しいチャレンジの連続

　台湾と上海それぞれの航空会社で客室乗務員として働いた後、現在は中国の広東省広州市でレストランを経営しています。

　外資系の航空会社で働いていた際に印象的だった点は、国や歴史に関係な

くお互いの国の文化を尊重する土壌があるということ、また、お客様だけでなく他国のクルーからも私たち1人ひとりが、「日本人」として見られているな、と強く認識したことです。仕事に対しての責任感、礼儀作法など、海外の方から見た日本人に対してのイメージ、期待値は非常に高く、嬉しい反面プレッシャーを感じたり、考えさせられることも多々ありました。

その後、広東省の広州市で飲食店経営にチャレンジしてみたいと思い、2年間を準備期間に当て、2013年に現在のレストランをオープンしました。現在の私のお店は6階建てで、1〜4階まで約250の座席があり、5階に厨房を構える割と大きなお店です。広州は中国の中でも特に外国人の多い都市の1つです。毎日地元のお客様以外に、アフリカ、中東、ヨーロッパなど世界中からお客様がいらっしゃり、英語、北京語、広東語だけでなくアラビア語、フランス語、ロシア語までもが飛び交うとても賑やかな店です。多国籍のお客様がいらっしゃるので、メニューの豊富さだけではなく、ドリンクの温度、商品の提供の仕方やサービスについてそれぞれのお客様のリクエストに沿えるよう心がけています。日々沢山のお客様と触れ合う中、新しい発見の連続で飽きることはありません。また、初めての飲食店経営ということでマネージメント等も大変ですが、海外で何とかチームをまとめることができているのも、学生時代や航空会社での経験で培った柔軟性やコミュニケーション力のおかげだと感じています。

3 在学中のみなさんへ

以上、私の大学時代の生活から現在の仕事までを簡単に紹介させていただきました。まとめて紹介させていただくと、常に目標を持って達成を続けてきた様にも見えますが、実際には失敗を何度も経てやっと実現できたことや途中で目標が変わったりしたことも多々あります。

たとえば、私の大学生活の中で1番大きな目標であった交換留学実現までには4年もかかっていますし、航空会社への就職活動もトライアンドエラー

の繰り返しの結果やっと内定をいただけました。また、留学中にどうしても
チャレンジしたい職種の就職活動があったので、面接のためにイギリスから
数日だけ日本に帰国して挑戦したものの、準備不足で思った結果が出せませ
んでした。失敗談を話し出せばキリがありませんが、沢山失敗して経験を重
ねるうちに、やりたいことがもっと明確になり、目標に近づいていることを
確認しながら修正しつつ前に進んできたような感じがします。

　目の前のハードルが高すぎる様に見えても、一歩踏み込んでチャレンジし
てみないと現在地からゴールまでの距離を摑むことができなかったり、また
チャレンジしてみてから初めて成功のヒントを得ることも少なくありません。

　少しでも興味がわいたり、いいなと感じたり、他の人の体験談を聞いて羨
ましいなと思うことがあったら、勇気を出して挑戦することがその後の大き
なステップアップにつながると思います。そして、目標ができたら是非周り
の人にアドバイスをお願いしたり、相談してみてください!!!　私は大学在学
中に目標ができると必ず友人に話したり、学部の先生に意見を伺ったり、ま
た留学センターに相談したりして進捗具合を報告していました。発信する事
で目標がより明確になり、先生方から必要な情報を紹介して貰え、親身に
なってアドバイスをいただき助けていただいたからです。これらは私が甲南
大学で学べてよかったと感謝している理由の１つですが、さらに、この「協
力者を探しだして助けてもらう」というスキルは、社会人になって、特に起
業してから最も重要だと痛感した、まさに私の財産とも呼べるものです。こ
のスキルのおかげで私は見知らぬ土地でも投資者を見つけることに成功して
起業し、優秀なスタッフに助けられながら毎日楽しく働けています。

　最後に、2020年１月末から現在にかけて、広州でも新型肺炎の影響により
海外と行き来することが以前ほど容易ではなくなり、経済活動も少し停滞し
てしまった感がありました。私もお店の営業自粛など初めて経験する問題に
戸惑うことも悔しい思いをすることも沢山ありますが、これをステップアッ
プの機会と捉え、メニュー開発やスタッフの研修、新事業の提案等、今まで
以上に力を入れて仕事に臨んでいます。在学中のみなさんも、オンライン授

業への切り替えや大学生活、就職活動の在り方の変化で困難な時期かもしれ
ませんが、チャンスはいつでも身近にあります。何事にも興味を持って覗い
てみてください。大学生活ほど自分で自由にプランニングできて密度の濃い
時間はなかなかありません。是非楽しみながら経験値を沢山増やしてくださ
いね！

今思えば
何やったって許された大学時代

曽我真臣
Soga Masaomi

2005年 法学部
経営法学科卒

俳優、映像制作、
教育機関事務職

趣味・特技
映画鑑賞、舞台挨拶
好きな言葉（座右の銘）
思い立ったが吉日
学生時代に所属していたサークル等
文化会映画研究部

1 思いを込めた
手作りのスクリーン

　授業のない時間はとにかく映画研究部の部室で映画の話やくだらない話をしたり、自由気ままに映画を撮ったりしていました。部室というのはとかく人を惹きつける雰囲気があり、話はいつも自然に盛り上がりました。部室で創作のアイディアが浮かんだら、すぐに撮影に繰り出すなんてこともありました。今のYouTuberの感覚に近いものがあったのかもしれません。

　私はお芝居が好きで映画研究部に入りました。ですので、きちんとしたストーリーがある企画として声がかかれば断ることなく出演を重ね、4年間で数十本の作品に出演しました。また、自分でも作品を作り、部員や知り合いに出てもらったりもしていました。

　俳優という職業に実際に就いていると、「撮影場所に許可を取らずに撮影」ということはあまり考えられないのですが、学生時代はむしろ許可を取って撮ることの方が少なく、ほぼゲリラ撮影でした。道端で深夜に撮影していたときに酔っ払いに「許可を取っているのか？」と絡

まれたこともあり、スリリングではありましたが、学生の時にしかこんな無茶はできなかっただろうと今になって思います。

　作り終えた作品は、大学祭などで、自分たちが教室に徹夜で作ったスクリーンで上映しました。作品を作るだけでなく上映する舞台づくりまで体験できたことは財産です。作品の出来については言及されないものの、それを観てもらって反応を得ることができたというのは、私の今の俳優活動において、一番基礎の部分になったことは間違いありません。作品は観客に観てもらって初めて完成するものだと思っています。

　こんなふうに書くと、学業がおろそかになっていたのではないかと思われるかもしれませんが、私は3回生の終わりにはほぼ単位を取り終えていました。部活動がどれだけ楽しくても、授業だけは必ず出席して、講義を聞くようにしていました。部長もしていたので、あまり部員に格好悪い姿を見せられないというのもあったのかもしれません。このように学業も何か理由を探して頑張るというのも良いと思います。

　実家暮らしだったので、アルバイトは小遣い稼ぎ程度でしたが、3年半ほどスーパーの品出しをしていました。内気な性格だったので、1つのことを続けることで、人間関係の築き方などを学ぶことができ勉強になりました。またお金をもらって仕事をするという関係は、友人たちとの関係とは違うということを学生時代に身をもって知ることができて良かったと思っています。

　学生生活の参考になるような内容ではなかったかもしれませんが、自分がやりたいと思ったことを思う存分やり切れるのは学生時代が最後になる場合もあります。後悔のないよう学生生活を楽しんで欲しいと思います。

2　自分と向き合い、正直に生きること

　俳優になったきっかけは、3歳になる少し前に母親に入団させられた児童劇団ですが、幼心に自らの意志でこれをずっと続けたいと初めて思ったのは、小学校高学年で歌舞伎の舞台に立った時でした。京都南座という劇場で大勢

の観客を前にお芝居をしたとき、自分の一挙手一投足に対する観客の反応をダイレクトに感じることができ、そんな気持ちになりました。

　ただ、そのまま芝居をずっと続けていたわけではなく、中学受験のため一旦は距離を置きました。ですが、いつかは必ず芝居がしたいと思っていたので、大学に入学したことを契機に、映画研究部で芝居を再開したのです。

　大学生活を映画とともに過ごすことで、映画に対する想いは募り、上京していつか本物のスクリーンに出たいと思うようになりました。でも、親には何度も止められ、結局決断ができなかった私は、就職活動をして会社に就職しました。

　とはいえ、4年間で学んだ社会人としての基礎は、その後俳優を目指して上京してからも役に立ちました。世間知らず、常識知らずのまま上京していたら、きっと私はとっくの昔に夢をあきらめて帰っていたと思います。

　それでも、上京して5年くらい経つまでは、周囲の言うことばかり気にしながら生きていたと思います。本当に疲弊していました。そんな自分を変えるきっかけになったのもまた、映画作りでした。

　上京して映像作品を作ることになった際、他人の意見を取り入れつつも、製作側としてここだけは譲れないというポイントを企画段階で明確にして意志を貫いて実行に移しました。すると、自分のイメージにとても近い作品が出来上がりました。自分というものをやっとまともに表現できた瞬間であり、この経験で一皮むけたような気がします。これを機に、これまでの考えから切り替えて、変な遠慮はせず自分がやりたいと思うことを素直に実行に移すと、物事がこれまでの何倍もうまく進むようになりました。30代になってからようやく自分の生き方が見えるようになってきました。

　現在の私の俳優としての活動は、2018年にわずか2館のミニシアターで公開された低予算のインディーズ映画と、口コミで広がり、その後全国で拡大上映された『カメラを止めるな！』という作品にほんのちょい役で出演したぐらいで他に代表作と言えるものは特にありません。他には細々とインディーズ作品に出たり、作ったり、YouTubeで紹介したりしています。

『カメラを止めるな！』では、公開前のチラシ配りや公開後の舞台挨拶など積極的に行いました。当初は劇場公開の予定もなかった作品でしたが、何より内容が良いと感じていたので、自分をアピールしたいという気持ちよりは、純粋に作品を観てもらいたいという一心で宣伝活動を行いました。自分の限界を他人の評価で勝手に決めていた上京当時の余裕がない自分には絶対にできなかったことだと思います。学生時代、ただ芝居をしたかっただけの自分が、自分に正直になるまで10年以上かかりましたが、その年月こそがかけがえのない財産です。

3 こういうご時世だからこそ コミュニケーションを

　学生時代、部活動が中心の生活ではあったものの、講義だけはほぼ休みませんでした。これは大学から自宅が近かったこともありますが、講義は休まないということを決めた1回生の時の自分に対する意地だったかもしれません。私は頑固な性格を貫き通し、4回生までそれを続けました。部活動の仲間は当然仲が良かったですが、講義に積極的に参加していたことで、部活動とはまた違った友人ができ、交流が生まれました。1つのグループに属するだけでは見えてこないものがあります。例えば、部活動では積極的なメンバーが多く、映画を一緒に観に行って、それこそ次回作の構想を練ったり、ファッションに疎かった私に服を買いに行こうと誘ってくれたり、自分の知らない世界を見せてくれました。学部の友人には派手なタイプはいませんでしたが、講義の内容についての相談はもちろん、お互いの家に行き来して、それこそ本当に長い時間、ただただくだらない話をしたりもしました。部活動にいる時とはまた異なる、素の自分を見せることのできる関係でした。

　学生時代は学業だけでなく、人間関係を学ぶ場でもあります。学生時代に学んだ人間関係の構築の仕方を、今の日々の生活においても、生かしていると思います。

　コロナ禍の中、なかなか友人と触れ合うことができない学生さんも多いと

は思いますが、工夫をすればできることは意外と多いと思います。情報技術が発達し、離れていてもいくらでも会話ができ、たまに会うことができれば、大抵のことは実現できます。引っ込み思案な学生さんも、家からならグループ通話に参加してみようと思うこともあるかもしれません。

　私自身、このコロナ禍のなか１つの作品を作り上げました。映画と呼べるようなものではありませんが、緊急事態宣言中に誰とも対面で会わずに作りました。こちらから演者に指示を与えて、撮ったものを送ってもらい、つなぎ合わせる。遠隔の会話では演者に指示を伝えにくかったりするのですが、それがかえって良い方向に進んだりもしました。相手が少しでも自分の考えをこちらに伝えようと、どんどんアイディアを出してくれるのです。会えないからこそ、互いの気持ちを量り、思いやることに注力してコミュニケーションすることの大切さに改めて気づきました。普通に作品を作っていたら得られないこともあったように思います。

　回りくどくなりましたが、コミュニケーション能力というのはもちろん社会に出てからも学べると思いますが、利害が生じにくく仲間を作りやすい環境が整っている学生時代に身につけておくことがベストではないかと思います。私の経験上、絶対に無駄にはなりません。できればいつも同じメンバーではなく、いろいろなグループに入って、友人の個性の違いを楽しむことをお勧めしたいと思います。

私が"ドキュメンタリー"から逃れられないワケ

松本章伸
Matsumoto Akinobu

2006年 文学部
社会学科卒

日本学術振興会
特別研究員、
テレビドキュメンタリー
ディレクター

趣味・特技
キャンプ、サップ、
ロードバイク

好きな言葉（座右の銘）
好きこそ物の上手なれ

学生時代に所属していたサークル等
摂津祭実行委員会

1 世界の"今"を取り上げた、ドキュメンタリー番組が作りたい！

　甲南大学に入学して間もなく受講した「映像論」という授業で、私は将来の仕事を決めました。90年代の米国で、HIVに感染した家族の1年を描いたドキュメンタリー番組を映像分析するという授業でした。映像に埋め込まれた「記号」や、作り手の恣意性を読み解く作業に夢中になったことを覚えています。テレビドキュメンタリーを分析することは、思想や国家など、さまざまな分野の学問が重層的に交錯し、学際的な知識が不可欠であることを学びました。同時に、映像を分析するだけではなく、そうした番組の作り手になりたいと思ったのです。

　「どうしたらテレビディレクターになれるのか？」在学中に少しでも目標に近づくために行動に移しました。まず、メディア研究のゼミに入りました。そこで、ドキュメンタリー番組は、戦後日本国民のアイデンティティを形作る機能を果たしていたことを学びました。また、ドキュメンタリーという媒体は、差別や偏見など、グローバル化が進む社会の分断を助長する

可能性も秘める諸刃の剣であることも、多くのドキュメンタリー作品の視聴を通じて学びました。

　さらに、私は大学2年生の時に、高校時代の留学先であるドイツ・ケルンで聞いた、兵役制度と兵役を拒否する若者についてのドキュメンタリー企画を在阪テレビ局に提案し、採択へと持ち込みました。学生ディレクターとして制作費をいただき、実際にドイツでも取材した作品『ボクには殺せない〜ドイツ・兵役制度と生きる男たち〜』は、テレビで放映され、同局がその年に放送された番組の中で一番を決めるコンテストでも「年間大賞グランプリ」を受賞しました。

　そうした活動ができたのは、ゼミの指導教員はもちろん、ゼミの垣根を越えた学科の先生方や文学部事務室の職員のみなさんのバックアップのおかげです。少人数制の学科構成は、どこかアットホームな趣で学生指導に手厚く、私の想いをカタチにするために導いてくれていました。

　甲南大学での4年間は、ドキュメンタリーの魅力を教えてくれただけではなく、私の職業を決定し、多くの方々の後押しを受けながら目標へ向けて前進する良いスタートダッシュを切ることができた学生生活だったように思います。

　卒業後、本格的に映像制作を学ぶため、アメリカ・ニューヨークの The New School 大学院修士課程に2年間留学しました。まさに「人種のるつぼ」であるマンハッタンを学び舎に、学業のみならず、多様な人種、宗教、人生観に立ち会えたことが何よりの収穫でした。

　滞在中、イラク戦争に反対する運動に関わったことのある、おばあさんに出会いました。彼女は、雨の日も雪の日も、マンハッタンの路上に立ち続け、デモ活動を行なっていました。彼女に言われた一言が、今でも心に残っています。

　「声を上げないと、思いは伝わらない。あなたなりの方法で、声を発し続けるのよ」

　私自身の切り口で、魅力的な人々の取り組みを通じて、世界の“今”をド

キュメンタリーというメディアに載せて伝えたい。テレビの世界で生きていこう、そう誓った瞬間でもありました。

2 ドキュメンタリー制作は、出会いの「旅」

　ニューヨークの大学院留学を終えて日本に帰国後、ディレクターとして、NHK『NHKスペシャル』や、テレビ東京『ガイアの夜明け』、毎日放送『情熱大陸』等のドキュメンタリー番組を手がけてきました。たとえば、中国の急激な経済発展に伴い問題行動を起こすようになった"小皇帝"と呼ばれる子どもたちを、「400kmの行進」によって更生させようとする型破りな民間学校をはじめ、2019年ラグビー日本代表の快挙に沸いたW杯の裏側で、ラガーマンを支えたアスレチックトレーナーの仕事の流儀など、世界21か国84都市で様々な人々の人生を取材してきました。

　「取材対象者と、放送後も再び会うことができる番組を作ること」さまざまな要因で、制作者としての足元が揺らぐ状況に立たされた時には、いつもこう考えるようにしています。通常のテレビ取材は、長い時間をかけて、取材対象者と十分な信頼関係を築いた上で、カメラを回すという余裕はありません。むしろ放送した後に、本当の付き合いが始まることの方が多いのです。とはいえ、一度撮影に協力していただき、取材をさせてもらっても、相手の抱いている想いが大きければ大きいほど、とても1回の放送では伝えきれません。そうして私の中に、教えられたことに対する「負債」が募っていくのです。そして、新しい番組のテーマに出会い、新しい取材対象者に出会うことで、その想いは膨れ上がっていきます。

　ある先輩ディレクターに言われたことがあります。「ドキュメンタリーは出会いだと思う。1つの出会いが別の出会いを生み、またそれが新しい出会いへと導いていく。そして彼らの存在が、何年後かの番組を作ることに私を仕向ける」と。

　私たちが生きている「世界」への強い興味から番組の制作が始まり、取り

上げる企画はいつも自分の足元にあります。それに気づくのか気づかないのか。もしくは物事に真摯に向き合おうとしているのかしていないのか、にかかっているのだと思います。

　日本経済史・思想史を専門とする研究者テッサ・モーリス＝スズキは、貧困やテロ・格差の拡大など、剝き出しの暴力と排外主義の台頭、他者へのバッシングなど、今日の社会に明らかに欠けているものをアルベルト・アインシュタインの言葉を引用して、次のように述べています。

「想像は知識より重要である。知識には限りがあっても、想像は世界を包囲する」
　アルベルト・アインシュタイン[1]

「他者への恐怖」、「未知なるものへの恐怖」など、今の社会は「恐怖」によって動かされていると言えるかもしれません。とりわけ、私たちは「曖昧なもの」を嫌う傾向にあります。そしてわからないものを怖がります。その結果、「曖昧なもの」が攻撃の対象になっています。

　私がドキュメンタリーを制作する目的は、曖昧なものを曖昧なまま受け入れることができる社会になるように、さまざまな取材対象者の「物語」を多くの人に伝えていくことです。ドキュメンタリーは、そうした力も秘めていると思います。

3　日々、挑戦

　私は今、「三足の草鞋」を履いています。①テレビディレクターとしてドキュメンタリー番組を制作すること、②研究員としてテレビドキュメンタリーを調査すること、③母校の甲南大学をはじめとする大学の講師として教壇に立つことの3つです。

　ディレクターとしてドキュメンタリー番組を制作する「旅」の途中で、あ

る疑問が湧きました。ドキュメンタリー番組を制作するとき、諸先輩たちから聞かれる「日本のテレビドキュメンタリーは、こうあるべきだ」という表現形式や制作手法に関する、ある種暗黙の了解のように形作られた認識は、どこからきているのだろうという疑問です。

　そこで私は、一度制作現場から距離を起き、そうした「べき論」を熟考する時間を設けることにしました。それが現在行っている研究活動です。

　現在日本で当たり前のように制作されているテレビドキュメンタリーは、第二次世界大戦後に連合国軍最高司令官総司令部（GHQ）によって行われたメディア政策に大きな影響を受けているのではないか、そして、そうした政策を通じて私たちの物事の考え方も形づくられてきているのではないか、ということです。

　そのために米国公文書館に所蔵されている資料の収集をはじめ、占領期に日本人に対してラジオ番組の制作方法を指導していた米国人スタッフの遺族の元を訪ねて聞き取り調査を行うことで、番組表現形式の歴史社会学を明らかにしようとしています。

　インターネット広告費がテレビメディアの広告費を上回った今、テレビドキュメンタリーの表現形式やその伝え方を、改めて見直す必要があると思っています。そのために、これまで日本のテレビ界が歩んできた道のりと、形作られてきた痕跡をたどることは、これからのドキュメンタリー制作のヒントになると考えています。制作、研究、教育の３つの現場を行き来しながら、ドキュメンタリー制作の「旅」を続けたいと考えています。

　ドラマ『北の国から』の脚本家倉本聰は、著作『左岸より』に、こんな一節を記しています。

　「たとえば滔々たる流れが一つ。それを右岸より眺める者と、左岸より見る者。二つの部族が存在すると、とり敢えず思っていただきたい。右岸に立つものは批評家たちである。左岸に立つものは創る側である。流れには橋がなく行き来が出来ない。右岸に立つものが突然発心し、対岸に立つべく流れへ

飛び込む。すると忽ち河の流れは彼の体を下流へ押し流し、ほうほうの態でたどりついた左岸は、彼の見た位置より甚だしく下流である。たやすく行きつけると思っていた対岸は、もはや見えない。はるかに離れている。見る現実とそこに立つことは極端な距離にはばまれているのだ。そんなこともあるよ、だから批評はね、誰にだって出来るさ、けど現実には批評するだけさ。俺は川下でも左岸を行きたいね。」[2]

　どんな職業であれ、第一線の現場で闘うプレイヤーであり続けたい。そして「左岸」から「右岸」への架け橋になりたい。これは私の決意表明でもあり、読者の皆様へのエールでもあります。

1）塩原良和・稲津秀樹編著（2017）『社会的分断を越境する：他者と出会いなおす想像力』青弓社
2）倉本聰（1991）『左岸より』理論社

人生100年時代に あなたはどう向き合いますか？

有馬幹人
Arima Yoshito

2006年 経済学部
EBA総合コース卒

株式会社有馬芳香堂
勤務

趣味・特技
旅行、海外で食べ歩き

好きな言葉（座右の銘）
世界に通用する紳士・
淑女たれ

学生時代に所属していたサークル等
体育会ボード
セイリング部

1 岡本、バッファロー、甲子園浜で過ごした4年間

　甲南大学を卒業したのが今から15年前。卒業後の人生も非常に有意義ではありますが、大学時代の4年間もそれに負けないぐらい輝かしく楽しい貴重な時間でした。私の大学生活4年間は、「岡本・バッファロー・甲子園浜」という三か所での思い出で満ち溢れており、良いこともつらかったことも今でも夢に出てきて私を励ましてくれます。

　4年間を振り返ってみると、「新しいことへのチャレンジ」を多く経験できたと感じています。具体的には、①新設コースへの入学、②アメリカ留学、③体育会への入部、の3点です。

　まず、1つ目は新設コースへの入学です。甲南高校を卒業後、2002年4月に一期生としてEBA総合コースに入学しました。このコースは、アメリカのニューヨーク州立大学バッファロー校への1年間の留学が必須で、当時ではかなり先進的なコースでした。高校時代にロンドンのパブリックスクールに交換留学生として派遣され1年間を過ごした経験から、大学では世

界の中心であるアメリカで学びを得たいと考え進学を決意。EBA総合コースは教員も含め皆ゼロからのスタートという船出でしたが、35名ほどの少数メンバーで非常に濃い4年間を過ごすことができ、今でもお互い支え合い励まし合えるメンバーに出会えたことは一生の宝です。

2つ目は、アメリカ留学です。EBA総合コースでは前述の通りカリキュラムに留学が組み込まれており、経済、そして世界の中心であるアメリカで学びを得ることができたことがその後の人生でも大きな支えとなりました。日本という島国からアメリカという世界中の人が集まる国に生活の基盤を移したことで、「アメリカでのリアルな生活」を学生視点で体験できたことは今の商売にも生かされています。

3つ目は体育会への入部です。中学、高校時代に運動部に所属していなかったため、学生時代に一度は体育会という組織に身を置いてみたいと考え、体育会ボードセイリング部に入部。留学で1年間休部しましたが、帰国後は部活動に復帰し4回生時には念願だったインカレにも出場することができました。特に苦楽を共にした同期メンバーとは今でも交流があり、仕事の話や家族の話など定期的に集まって話ができる関係を継続しています。

以上、3点のチャレンジが甲南大学での4年間の実りある記憶として残り続けています。そして、なによりこのような経験ができたのも、人に恵まれ、支えられて生かされているからこそと、甲南大学、友人、そして家族に感謝しております。

2 食品を通じて 世界にチャレンジ

2年間のサラリーマン生活の後、東京の大学院でMBAを取得し、実家の家業である株式会社有馬芳香堂で働いています。

株式会社有馬芳香堂は私の曾祖母が神戸で創業したナッツ・豆菓子製造業です。北海道から沖縄までの小売店を中心に美味しいナッツ菓子を製造・卸し、商品を通じてお客様に笑顔や驚きを届け、健康に寄与することが私たち

の仕事です。

　2019年12月から海外事業立ち上げの一貫でマレーシア・クアラルンプールに家族で滞在しており、東南アジア一帯をターゲットとした営業活動及び輸出商品の開発に従事しています。2020年にはハラール認証を取得し、世界人口の25%程を占めるイスラム教徒の方々に安心して食べていただける商品を開発・輸出するなど、当該業界における国際的リーディング企業を目指しております。賞味期限、現地での売価、パッケージデザイン、味の現地化、貿易業務、現地企業との折衝などいろいろと取り組むべき課題は多いですが、現地に飛び込み生活し自ら動いて発信することで日本にいた頃には見えなかった景色を知ることができました。考えることも大切ですが、それ以上に「行動」するということが重要であると身を以て経験しました。

　この仕事のやりがいは、シンプルに「おいしい!」というお客様の笑顔のリアクションを見ることができる点にあると思います。もちろん、これからの時代は美味しいだけではなく、お客様の不安や不満、不便を解消できるような商品・サービスが重要ではありますが、食の分野に限っては根底に「美味しさ」という絶対的ニーズがこれからも残り続けると確信しています。

　メーカーはプロダクトアウトというモノ作り発信に傾倒しがちですが、世の中のニーズや課題を解決するというマーケットインの発想で商品・サービス開発にも注力しています。

　駐在スタート直後にコロナウイルスの世界規模での感染が拡大したことで、ここマレーシアもロックダウンで数か月間完全封鎖されました。執筆している今(2020年10月)も再度準ロックダウンが施行されています。この状況を嘆くかポジティブに受け入れ新しいことに取り組むかで、これからの事業も、そして自分自身のマインドも大きく成長できるチャンスがあると捉えています。

　当社はおかげさまで、2021年に創業100周年を迎えます。今の私があるのは、創業当時から当社のことを支えてくださった皆様の支援があったからこそと感謝申し上げます。

3 人生100年時代をどう考え、どう生きるのか

　医療の発展、衣食住の向上により、それまで70、80年といわれていた人生が100年になると昨今いわれるようになりました。人生100年時代で特に重要になってくると思われるのが、①健康寿命、②働き方、③学習の3点だと考えています。

　まず、健康寿命とは、「医療・介護に依存しないで自立した生活ができる期間」を指します。たとえば、80歳を超えても趣味のスポーツや旅行など、楽しく人生を過ごすことができるか、ということを考えてみたとき、重要になるのは「運動」と「食」の2点であると思います。筋肉を維持するために体を定期的に動かすこと、健康を意識した食事を摂ることが、これからの時代ではさらに重要になります。アメリカでは「You are what you eat（あなたはあなたが食べたものでできている）」といわれています。質の良い食事は、生活や仕事のパフォーマンスを劇的に改善しますので、少しでも食と健康について考えることをお勧めします。

　次に、働き方についてです。60歳定年（約40年勤務）の時代は、人生100年時代ではさらに労働期間が延長されることが予想されます。皆様の時代では80年定年の時代が現実的ではないでしょうか。そしてこれからの時代、さらに自己責任が求められることになると思います。海外のようにキャリアアップの転職が当たり前で、1つの企業で勤続し続けることが珍しくなるかもしれません。大事なのは、仕事を通じてどのようなキャリアや人生設計を考えて行動できるかだと思います。

　最後に、学習です。人生100年時代では、マクロ状況も変化し、個人に求められる仕事のクオリティーもさらに厳しいものになるのではと考えています。当たり前の話ですが、学習は大学を卒業してから「も」重要です。「自分自身が70、80歳になったときでも世の中で求められる人間になるにはどうすればよいか？」私は常日頃このことを考えるようにしています。自分自身

の付加価値を上げ、世間に貢献できる一社会人になるためには、常に学びの姿勢を持って取り組み、インプットしたものをアウトプットし続けることが大事だと思います。

　入学したての皆様は、まだ働くということはなかなか想像しにくいと思います。
　まずは、「与えられた環境・タスクを徹底的に追究して能動的に取り組む」ことからスタートしてみてください。失敗しても他責するのではなく、健康的な自責志向を持って物事に取り組むと大きく成長できると思います。いつかどこかで皆様と一緒にお仕事させていただくことを楽しみにお待ちしております。

夢を思い描くことからつながる、出会いの連鎖

金村実香
Kanemura Mika

2006年 法学部卒

株式会社光明製作所
勤務

趣味・特技
旅行、テニス、茶道、
街歩き

好きな言葉（座右の銘）
心に太陽を持て

学生時代に所属していたサークル等
文化会能楽研究部

1 「日本文化を語れる国際人になることを目指した学生時代」

大学生時代を思い返せば、ゼミ研究に留学、クラブ活動に打ち込んだ学生生活でした。

幼い頃から海外への興味があり、グローバルな世界で働きたいと思っていました。その思いから、多文化に関わる国際政治学をゼミ研究で学び、実際に留学で異文化を体感し、多国籍の友人らと過ごした20代前半。そこで培った視点や友人との出会いは、人生の土台を築いた貴重な時間でした。

特に、短期と長期の二回の留学経験は私の大きな宝となっています。一度目の体験は、2回生の時に3週間滞在した南アフリカのケープタウンです。

空港に降り立ち大学に向かう道中、街中に出ますと、電気も通っていない掘っ建て小屋が並ぶ一帯と、現地の大学教授が住む白人が多いエリアがくっきりとエリア分けされているのを見て、その格差の大きさに衝撃を受けました。知識として歴史的背景は知っていましたが、アパルトヘイトの影が残る町を目の当たりにした

時、知識レベルで得られることと実際に体感した肌感覚とは違うということを実感しました。アジア人は一人もいない黒人コミュニティに初めて身を置き、戒律が厳しいキリスト教の大学ということで、寮生活で出る食事はベジタリアン食、毎日夜は学内にある教会に集い、音楽感性の豊かな黒人ならではのゴスペルを聴く日常は、カルチャーショックの連続でした。実体験の大切さをこの時に学びました。

　2度目は、カナダのバンクーバーに1年間留学し語学学校とビジネス学校で勉強しました。世界各国から移民が集まる人種のるつぼと言われている国ですので、ヨーロッパ、中東、インド、中国、スペイン語圏の人との交流はとても刺激的で、必死で英語を勉強しました。

　周りと協調する方に意識が向きがちな日本とは違い、カナダでは違うのが当たり前です。自分の個性をもっと表現し、人の個性も受容するということを教えてもらいました。「あなたはどう思う?」「その理由は?」と常に問いかけられ、意見を求められる環境は、挑戦でもありました。そんな中、文化の違いの面白さを語り合った友人たちはかけがえのない存在です。言葉の壁、国籍、価値観の違いがありながらでも、笑い、分かち合えた喜びの感覚を今でも忘れることができません。外見や文化は違ってもこんなに共有できるものなのだという国際感覚はその後の自信にもつながっていきました。

　偶然に出会った先輩から誘われて知った能楽のクラブ活動、能楽という日本古典芸能との出会いも、大きな契機でした。世界の人と関わっていくために、日本文化をもっと知ろうと、大学の4年間は能楽研究部に所属し伝統芸能に携わり、徹底的に師匠、先輩への礼儀作法、「礼に始まり、礼に終わる」という精神姿勢などを教えていただきました。装束と面をつけた出番前、舞台裏の張り詰めた緊張感の中、プロの先生方と同じ舞台に立たせてもらえたことも、本当に貴重な経験となりました。

　総じて、大学でも留学先でも、今いる場所でしかできないことをやろうという視点で選択し、意識していたからこそ出会いが生まれ、充実した日々の形になっていったのだと思います。

2 「無駄な経験は1つもない 〜モノづくりから人を育てる仕事へ〜」

英語を生かしたグローバル市場で働きたいという願いが叶い、アイウェアの専門商社に就職することになりました。海外営業部に所属し、プロジェクトマネージャーとして主にフェラガモやナイキといった欧米企業とメガネフレーム製品開発に携わりました。国内、国外のエンジニアとデザインを形にし、部材購買、品質管理、製品ができ上がる工程から輸出業務までをトータルでマネージメントしていました。自分の手掛けた製品が、トップブランドのウインドーに飾られ、世界の市場で売られていくことに喜びややりがいを感じていました。

ここで学んだことは、ビジネスでの国際感覚と交渉力です。商社ですので当然、品質、値段、納期をどれだけお客様の立場に立って、ニーズに合わせられるかが求められます。要望を国内、国外の工場サイドに伝えながらどこまで高い品質に仕上げられるか挑戦の日々でした。特に日本製は品質が値段に合っていないと納得してもらえません。メガネは手作りの部分も多いので、品質にはばらつきがつきもの。クレームが出た時、双方の折り合いがつかず精神的に辛い時期もありました。造り手の思いは、製品に宿る。だからこそ、どのように仕事に取り組むのか、伝えるのかの向き合い方が大事であることを教えてもらいました。双方がどのように妥協点を見つけていくかの交渉がとても難しかったです。

お客様の中心はドイツ、イタリア、アメリカの海外企業でしたので、母国語ではない英語ベースのコミュニケーションの中から、国の背景、その国の人々が好む趣向、ビジネスの進め方など、意図することを察し、次の展開を予測しながら進めなければなりません。言葉からどれだけ相手の思いを汲み取れるかがとても大事でした。その時に役に立ったのは、多文化の中で過ごした留学での経験でした。信頼を得るには、その国の背景にある文化、宗教観などを理解した上で、言葉だけではなく、言わんとするニュアンスを察し

たコミュニケーションがなければ成立しないのだと実感しました。

　社会に還元していける生き方をしていきたいと思うようになった最中、給水装置メーカーである家業から事業の一貫として、従業員の為の保育所設立プロジェクトの話をもらいました。育ててもらった家業への恩返しになることをしようと、働きながら保育士の勉強を進め、資格を取得後、保育士として勤務してから、社内の制度基盤を整える総務職に就くことになりました。現在は、人事労務業務に携わり、ブランディング、新卒・中途、海外人材の採用活動、社内教育などの仕事を担当しています。異色の経歴ではありますが、ゼロから一を生み出すことに面白みを感じ、モノづくりに携わってきた後、０歳児から幼児そして大人の成長に携わる、人を育てる仕事にシフトしてきたからこそ気づくことも多いです。すべて経験してきたことは１つずつ次の仕事につながってきたと実感しています。

3 「人のつながりは財産。出会いの連鎖が生まれる」

　卒業して15年がたった今だからこそ、何一つ無駄ではなかったと心から思います。学生時代に挑戦してきたことが、今につながり生かされている。特に人との出会いとつながりは財産です。私自身、出会う人から学び、助けられ成長させてもらってきました。同時に、その時々に出会ってきた事柄に熱量を持って取り組んでいると、点と点がつながり、思いもつかない出会いの連鎖が起きていると実感します。

　私事で言いますと、学生時代にクラブ活動に力を注ぎながらも文化会のメンバーとも交流を重ねていたことがきっかけで、その後文化会OBOG連合会である甲樽会立ち上げの機会に声をかけていただき、運営メンバーとなりました。当時の仲間と、卒業生と現役をつなぐ組織に留まらない活動を展開する中、人の輪がさらに広がり、神戸青年会議所のメンバーに入れていただく機会に恵まれ、新たな地域社会貢献活動の場へのご縁が広がってきました。

仕事柄、人の人生の節目で、キャリアとは、やりたいことは何なのかと悩まれている方々と携わります。それを見つけるには、まずいろんな経験を通し、人や本などの出会いの中から、自分はどんな人間か発見していくことによって見えてくるのだと思います。そして、できないという思い込みなどは別に置き、大きな夢を描くこと。着地点を描くことは大切です。興味のあることには好奇心を持って挑戦し、小さなステップで、できることから始めてみてください。一歩踏み出す行動が、先の現実につながります。1つ1つの経験が土台となって必ず生きてくる機会が訪れると、経験から自信を持って言えます。怖がらず、挑戦し続け諦めないことで、夢は叶っていくと思います。

　もう1つ大切だと思うことは、学生の間から意識して、言葉を磨き発信するということです。人は一生の間、人と関わっていきます。自分の思いを伝える、人と共感するには、言葉は欠かせません。社会では、どんな人間なのか自分を表現していくことがより多くなります。読むこと、書くこと、伝えることを高めることは、教養になり、知性になり、人生を豊かにしていくベースになると思います。

　最後に、廻り道しても構わないと私は思います。それが人の味になり個性になるから。失敗を恐れずに行動し、想いを発信していってください。必ず伝わり叶うと私は信じています。周りには、あなたを応援してくれている人たちが必ずいます。私もそのひとりです。甲南には、いつでも大学に帰ってこられる場所、全国で活躍されている先輩方が温かく迎え入れてくれる場所があります。そんな仲間がいるので何があっても安心して、思いっきり学生生活を楽しみ、夢に向かって進んでもらいたいです。

Keep on walking

西岡美紀
Nishioka Miki

2009年 文学部
英語英米文学科卒

独立行政法人
国際協力機構（JICA）
筑波センター勤務

趣味・特技
旅、語学、フルート

好きな言葉（座右の銘）
「感謝」
「僕の前に道はない 僕
の後ろに道は出来る」

1 ホテルマンのアルバイトと休学してのワーキングホリデーで得たもの

　幼少のころから、人一倍好奇心旺盛で、さまざまな人とコミュニケーションをとることが好きな性格でした。自分の知らない新しいものに出会えることが楽しくて、地元の国際交流イベントにも積極的に参加していました。中学時代の短期交換留学の経験も後押しし、「語学力を伸ばしてそれを活かし、人と人、国と国をつなげる仕事がしたい」という思いを持って甲南大学に入学しました。

　3回生まで六甲アイランドの学生専用マンションに住んでいたこともあり、同じ島内にある神戸ベイシェラトンホテルでベルガールとスポーツバーのウエイターとして4年間アルバイトをしていました。日本中だけでなく、世界中からやってくるお客様との出会いや英語を使えるのが楽しくて、ほとんど毎日ホテルにいたように思います。プロポーズされるお客様からの秘密の依頼で、部屋に花束を届けて特別な瞬間に立ち会う感動的な日もあれば、あと3分でバスが出発するのに荷物が詰められておらず、汗

だくになってお手伝いするドタバタな日もありました。当時はパンプス着用が定められていて、1日中ホテルを駆け回り、重い荷物を運んで仕事を終えると足が痛くて靴を履くことができず、裸足でマンションまでふらふら帰ることもありました。それでも「明日は何が起こるかな。どんな出会いがあるのかな」と次の日アルバイトに行くのが楽しみで仕方ありませんでした。ホテルではアルバイトに対する教育も徹底しており、熱心に指導し育てていただいたことを今でも本当に感謝しています。あの4年間で、正しい言葉づかい、礼儀作法、所作、仕事への姿勢を身につけることができました。また、ゲストに喜んでもらえるサービスを提供するための観察力や対応力など本当に多くのことを学び、社会人としての基盤を作ることができました。

　3回生の時には、1年休学し、ワーキングホリデー（以下ワーホリ）でオーストラリアに行きました。渡航費、語学学校代等はホテルでのアルバイトで稼いで準備しました。「語学力アップ！」「自立・自活」「とにかく楽しむ！」と心に決め旅立った私は、語学学校に3か月通った後、新聞配達、アシスタントシェフ、工場でのアイスパックの箱詰めなどあらゆる仕事をして生活を送りました。日本では学費や生活費を仕送りに頼っていたので、ワーホリを通して自分の力でお金を稼いで生活していく大変さを痛感し、家族に改めて感謝しました。ワーホリを選んで良かったことは、語学学校や仕事を通して、同じくワーホリで渡豪していた多様な国籍、文化背景を持つ幅広い層の人たちと接する機会に恵まれたことです。学生だけではなくさまざまな年代、経歴、夢や目標を持つ人たちと出会い、彼らからそれまでのキャリア、仕事を辞めてオーストラリアに来た理由、帰国後の夢や目標を聞くと、将来への悩みや焦りといったもやもやとした気持ちが軽くなりました。日本人で社会に出てからワーホリに来ていた人たちから得たものも多く、「仕事を辞める」という決断は簡単ではなかったと思うのですが、みんな生き生きとしていました。大人になるって楽しそう、人生には自分らしい自由な選択肢があって良いんだなと背中を押してくれました。

2 世界とつながり、つなげる仕事。人の思いに寄り添い、沢山の人を豊かにする仕事がしたい。

　私は現在、日本の政府開発援助（ODA）の実施機関である JICA で職員として働いています。担当業務は「研修員受入事業」で、開発途上国から行政官、研究者、技術者など国造りを担うリーダーとなる方々を日本に招き、各国の課題の解決に必要な技術や知識を学び、母国の発展に生かしてもらうことがこの事業の狙いです。「自分の国を自分たちの手で良くしたい」そんな高い志を持った研修員たちへの支援を通じて各国の発展の一助となれるこの仕事に、大きなやりがいを感じています。

　初めて開発途上国の現状に目を向けたきっかけは、高校 1 年生の時に聴いたアフリカ出身のジャンベ奏者による講演でした。紛争で両親を目の前で殺されたことや難民キャンプでの過酷な生活の話を聞き、涙が止まらなかったことを覚えています。ただ当時、私の心に浮かんだのは「この現状を変えたい！」という力強いものではなく、「私にできることなんてあるのだろうか」というかなり後ろ向きなものでした。なんとなく自分には無理だと決めつけていたのかもしれません。そこから一歩踏み出すきっかけをくれたのは、3 回生で履修した国際理解の授業でした。JICA で非常勤講師をされていた方による授業で、途上国を支援する NGO で働く先輩、大学を休学してウガンダでボランティア活動をした友人等、身近な人の体験談を聞きました。その頃岡本駅近くにできたフェアトレードショップに通ううちに国際協力を少し身近に感じ、「自分にもできることがあるのかもしれない」と考えるようになりました。

　大学卒業後は、海運会社に就職。外国人船員管理業務を担当し、フィリピン・マニラにも駐在しました。日本が海外からの輸入に頼る食料や資源は、その 9 割が船で運ばれて、その船に乗る船員の 8 割がフィリピン人です。この食料や資源を輸出する国で自然災害や治安が悪化すると物流が滞ります。この仕事を通して、私たちの豊かな生活は他国に大きく支えられていて、開

発途上国を含む他国の安定や平和は自分たちと無関係ではないということを実感しました。

　フィリピンは経済成長を続ける国の1つである一方、貧富の差も広がっています。前職では船員を目指す学生を支援する奨学生プログラムにも携わりましたが、どんなに努力を重ねても、経済的な理由で中退を余儀なくされる学生がいることにもどかしさを感じました。ジャンベ奏者の話や、大学の授業で学んだ貧困、機会不平等、教育格差といった深刻な問題を見聞きし、自分には無理だと思った途上国の課題解決に貢献したいという気持ちが強くなっていきました。そんな時、幸運にも現地の人たちに寄り添い奮闘するJICAの人たちから話を聞く機会に恵まれ、国際協力の分野で新たなキャリアに挑戦することを決意しました。

　退職後、フィリピンから帰国した後は、地元四国のJICAで、日本と世界の関わりや途上国の現状について学校等で講演することや、途上国で自社の技術を生かしたいという企業を支援することなど、地域と途上国をつなぐ仕事に携わりました。自治体や企業から「国内で需要が少なくなった製品が、現地の人の役に立って嬉しく誇りに思う」、「新しい事業が始まり社内に活気が生まれた」、「社員の育成や新たな採用につながっている」と報告を受ける度に、国際協力は海外支援という一方通行では決してなく、日本と途上国の両方がwin-winになれる可能性があり、時代に合った新しい協力の在り方を作っていく重要性を実感しました。今後も、さまざまな人たちの思いに寄り添いながら、日本と世界をつなぎ、双方の課題解決や活性化に貢献していきたいと考えています。

3 甲南生のみなさんへ 大学4年間を価値あるものにできるかは自分次第

　「僕の前に道はない　僕の後ろに道は出来る」高村光太郎さんの「道程」の詩の冒頭で、私の好きな言葉です。自分の後ろにできている道を振り返ると、きっと相当ぐねぐねしていて、大きなまわり道をしているところもある

と思います。それでも進みたい方向を向いて踏み出してきた一歩一歩が、沢山の出会いに支えられ今いる場所にたどり着けたと感じています。

　「休学してのワーキングホリデー」を決意したのは、大学を辞めようかと思ったことがきっかけでした。1～2回生は自分が将来やりたいこと、就きたい仕事を模索して悩んでいました。確かに進みたい方向はあるのに、それを実現するための具体的な仕事が何かわからない。親が一生懸命働いて高い学費を払ってくれているのに、明確な目標のないまま大学生活を過ごしていくことに不安や焦りを感じ、思い切って休学しました。悩んでいた時に先生に相談に行ったら「大学は目標を見つけるところではなく、引き出しを増やすところ」、「今から岐路に立つ時は何回も来るけどその時に引き出しは多ければ多い程いいから。なんか違うと思うことからも、砂金を探すみたいに自分のためになることを見つけたほうがいい」という言葉をかけていただきました。ワーキングホリデーから帰国し、復学した後は、以前は悩んでいたことを言い訳に積極的に授業に参加していなかったことを反省し、自分の学部以外でも興味関心のある授業をできる限り履修し、留学生の授業にも参加したりと能動的に大学生活を送ることができたと思います。2回生の時に挫折しかけたフランス語も取り組み直し、今も細々と勉強を続けています。社会人になってフランス語を使う場面はあまりなかったのですが、最近仏語圏アフリカ向けの研修を担当し、仕事で活かす機会を得ることができ、うれしかったです。

　昨年、英語英米文学科の1、2回生向けに講演の機会をいただきました。描いた夢をどうしたら実現できるか考え悩んだり、好きをどう仕事につなげようか模索している学生さんも多く、当時の自分と重なりました。人生、無駄なことは1つもないと思います。今自分がいる場所で考えたこと、全力で取り組んだこと、努力したこと、失敗したこと、そこで得た経験や知識は必ずどこかで役にたちます。自分の得意なこと、好きなことを生かせる場所を見つけるためにも、「こうあるべき」という固定観念にとらわれず、いろいろなことに挑戦して、新しい場所に足を運んで、自分の目で見て、感じてくださ

い。1人でも多くの人に出会ってください。たくさんの出会いが人生を豊か
にし、自分自身の視野や可能性を広げてくれるはずです。

研究者を目指して

石井宏和
Ishii Hirokazu

2009年 理工学部
生物学科卒／
2011年 フロンティア
サイエンス研究科
修士課程修了／
2014年 フロンティア
サイエンス研究科
博士後期課程修了

自然科学研究機構
生命創成探究センター
生理学研究所勤務

趣味・特技
映画鑑賞、釣り
好きな言葉（座右の銘）
プロ意識

1 生物学実験実習

　私は理工学部生物学科に入学した後、2009年に新設されたフロンティアサイエンス研究科に修士課程一期生として入学しました。そのまま博士後期課程に進んで博士の学位を取得し、1年間の特別研究員を経てアメリカへ留学するまでの間、実に10年間、甲南大学にお世話になりました。最も長く甲南大学で教育を受けた一人だと思います。本当に多くのことを学び、成長させていただきましたが、最も印象に残っているのは、学部3年生の生物学実験実習です。

　私は学部入学当初から漠然と、研究者、それも大学や研究所で自分の興味を惹く生命現象を明らかにする基礎研究者に憧れていました。図書館で自分の興味がありそうな本を手に取ってみたり、興味のある専門授業や、研究者に必要な英語力を身につけるための英語授業を選択したりと、自由な学びを満喫していたと思います。ただ実際に手を動かして実験したり、仮説を設定して研究するまでは、研究者という職業がうまく摑めず、自分が本当に心底興味を持っ

て研究に取り組めるのかわかりませんでした。学部卒業後は進学して博士の学位を取得したいと思っていましたが、本やwebなどで博士後期課程への進学について調べると、「研究職は狭き門、博士を取ると進路も狭まるのでリスクが高い、学費が…」と躊躇させられるような情報ばかり目にとまります。憧れの研究者の経歴を見ると、東京大学や京都大学といった偏差値がトップクラスの大学出身の方が多いです。もちろん甲南大学出身者で第一線で活躍されている研究者もいらっしゃいますが、自分がそういった方々と肩を並べて研究することができるのか不安でした。その不安をかき消すために必死で勉強したり、いろいろな情報を集めたり、研究所の一般公開などに足を運んだりと、私なりに悩みもがいていたのを思い出します。そんな状況ではじまったのが学部3年生時の生物学実験実習です。生物学科の先生方が持ち回りで、それぞれの専門分野に関する問題や仮説にアプローチするための実験を行い、「研究とは？」について体験し、学ぶという内容だったと思います。なるほど実験というのはこういうもので、とても地味で時間と体力が必要になるんだなと思いました。多くの人はネガティブにとらえるかもしれません。しかし私は「こんな大変なことを論理的に積み上げて教科書に載るような大発見を成し遂げる研究者はなんてすごいんだ！　自分もそんな研究者になりたい！」と、とてもワクワクしたのを覚えています。先生やグループのメンバーと議論して考えを掘り下げていく過程も新鮮でした。この実習の延長で、卒業研究前から研究室に出入りし、論文読解の個人レッスンなどを受けさせてもらうことにもなりました。積極的に行動すれば、それに応えてくれる素晴らしい環境があったのだなと、これが大学なのだなと気づきました。実習開始を待たず学部1年の時から研究室のドアをノックしておけばと後悔しています。遅ればせながら、そんな大事なことにも気づかせてくれた生物学実験実習は、とても思い出深く残っています。

2 研究留学

　生物学実験実習で一番熱心に議論を交わしていただいた教員のもとで博士後期課程に進学した最初の夏です。カナダで開催されたとある国際学会に一人で参加しました。英語圏に行くのははじめて、飛行機の乗り換えもはじめて、国内外問わず学会に一人で参加するのもはじめてです。しかも、その国際学会に申し込んだ演題が oral presentation に選ばれ、英語ではじめて口頭発表することにもなりました。これら"はじめて"の連続を乗り切るために必死で準備しました。本番まで不安でたまらなかったのですが、無事に口頭発表で冗談を言って聴衆を笑わせることにも成功し、いろいろな研究者に褒めていただけるような発表をすることができました。その時に、研究成果を出して世界中の研究者に聞いていただく楽しさを実感するとともに、これまでに味わったことのない環境に飛び込むことがいかに大切で、自分を高めることができるのかを痛感しました。学位をとったら海外へ研究留学して、新しい環境で、新しい考え方をもった研究室で自身の研究を発展させようと決意しました。その希望通りに、学位取得後はアメリカのウッズホール海洋生物学研究所（Marine Biological Laboratory）に留学しました。この研究所は、これまでに 50 人以上ものノーベル賞受賞者を輩出した由緒ある臨海研究所です。日本人とのゆかりも深く、2008 年に緑色蛍光タンパク質 GFP の発見でノーベル賞を受賞された下村脩博士や、細胞の分裂装置を生きたまま観察してその存在を証明した井上信也博士も在籍されていました。そんな歴史と、海産動物を研究するための素晴らしい環境、そして素晴らしい研究者に囲まれながら研究に打ち込めた日々は本当にエキサイティングでした。必死で実験をして知りたかった生命現象を観察できたときは飛び跳ねるほど嬉しかったのを今でも鮮明に覚えています。それは日付が変わる前の深夜でした。研究室には私しかいません。暗がりで海産動物ホヤの卵に分布する分子の挙動を最先端の蛍光顕微鏡を駆使することではじめて可視化しました。

ちょっと大げさかもしれませんが、その挙動（事実）を知っているのは、その時点では人類史上で私だけです。誰も知らない未開の地に踏み入れた気持ちです。それを次の日にボスに見せると、私と同じように興奮して喜んでくれるのです。そしてそれを他の研究者に見てもらい、学会で発表し、そして最終的には論文にまとめて広く発表してその新しい発見に驚いてもらうのです。やっぱり研究は素晴らしくて面白いなと思いました。もちろん、実験は地味だし、失敗の連続です。時間もかかります。時には意見の違う人と激しく議論し、メンタルを削りながらも手を動かし続けて頭がネジ切れるほど考えてうなされて寝て、起きたらその続きを考える、そんなこともあります。凡人の私だからそうかもしれませんが、苦しかった時期も振り返ってみれば楽しい思い出であり、自身を成長させてくれた時間だと思えます。あきらめずに全身全霊で研究を楽しむことがモットーです。自由な発想で、やりたいことをやり、人類未踏の地に踏み入ることができるのが基礎研究の醍醐味だと思います。

3　目標を明確にする大学ライフを

　アメリカに留学して間もないころ、現地のペットショップに行きました。ニワトリのエサを買いに行ったのですが一袋 10kg はありそうです。そのエサを 2 つ注文するとペットショップの男性店員（ガタイが良くて見るからに力持ち）が 2 ついっぺんにヒョイと肩に乗せて車に積んでくれました。私なら 1 つずつ、両手でやっとです。すごいなーとその店員さんを見ていると、店員さんもその眼差しに気がついたのか「どうだすごいだろ！　鍛えているんだぜ！」と満面の笑みで応えてくれました。自分に自信とプライドを持っていて、何より楽しそうだったのが印象的でした。

　これは 1 つのエピソードですが、特に留学中に出会った人々からは、自分はこんなすごいことをしているんだ、自分にしかできないことをしているんだという仕事に対する自信とプライドを感じました。逆にそんな自信や目的

を持っていない人に対しては、「君は何がしたくてここにいるんだい？」と言うような厳しさも感じました。日本人は謙虚で控えめで、調和を大事にする傾向が強いように思います。もちろんそれも大切ですが、もっと自分に自信とプライドを持って仕事に取り組む大切さを学んだ気がします。先に触れたペットショップの店員だって、淡々と作業しているところを見ても何も感じなかったかもしれません。これは俺の仕事だ、とプロ意識を持って仕事に取り組んでいる姿勢が素晴らしく、そういった姿勢で取り組むことのできる仕事を見つけることが大切なのだと思いました。そのためには、やらされるのではなく、自分のやりたいことができる職に就くために大学生のうちから準備していくことが大切だったのだと思います。私の場合は漠然と研究者に憧れていて、その目的に向けた情報や経験を積極的に取り込もうとしていたと思います。今大学生のみなさんは、いかがでしょうか。将来の目標（やりたいこと）はお持ちでしょうか。私はその目標を明確にする最大のチャンスが大学生時代だと思います。目標が定まらなければ、教員や先輩などに相談するのも良いと思いますし、なんでも良いのでいろいろな体験をして探してみてください。失敗もたくさんしてください。無駄なことはありません。ただ単に形式的に単位をとって卒業するだけではもったいないです。いろんなアンテナを張って、何の「プロ」になるべきか目標を常に考えて行動する、そんな大学ライフを満喫するのはいかがでしょうか。

人生は前向きにしか進めない。

片岡 元
Kataoka Hajime

2011年 文学部
英語英米文学科卒

ビクトリア大学
（カナダ・ビクトリア）
勤務

趣味・特技
バンド活動

好きな言葉（座右の銘）
継続は力なり。

学生時代に所属していたサークル等
KEALL
（英語英米文学科学生団体）

1 とにかくいろいろやった 4年間

　私は2007年に英語英米文学科に入学しました。入学早々キャンパスを歩いてみて、これまでに感じたことのない自由に戸惑ってしまったのをよく覚えています。目標や目的意識がこれといってあったわけでもなかったので、自由と新鮮さを覚えた反面、このまま惰性で何となく学生生活を続けているときっと何も成し遂げないまま終わってしまうという危機感を覚えました。そこで今できることをできる範囲でやってみようと思い、まずは次の2つのことを心がけるようにしていました。1) 時間を無駄にしないよう友達と一緒に何かする時間をなるべく設ける、2) 学費を無駄にしないよう勉強は真面目にやる。

　サークルには所属していなかったのですが、高校時代から続いていたデスメタルバンドでギターを弾くかたわら、英語英米文学科の学生団体KEALLに入り学科のイベントに携わったりしていました。そこでできた仲間と過ごした時間はかけがえのない思い出です。大学の生活に

おいてスケジュールに余白を空けないということに気をつけていました。今と比べてもはるかに体力のあった学生時代ですので、授業、課題やバイトの合間にも多くの経験を積むことができました。当時の友達とは今も連絡をとっていますし、カナダに住んでいる今も、この地で出会ったバンド仲間と集まって楽しく活動しています。何となくやっていたことですが、意外と今の自分にも繋がっていたりします。

　学業の面ではせっかく親が学費を出してくれていたので、それだけは無駄にしないよう、授業にはきちんと出席し課題もこなすようにしていました。漠然と海外で長期間過ごすことに興味があったので、留学の準備に必要だと思った授業を重点的に受講していました。甲南大学の交換留学はそれほど費用がかからないということを知ったので、TOEFL のスコアを伸ばすことに集中し、晴れて 2 回生の夏からビクトリア大学に 1 年間の交換留学に行くことができました。その当時はまさかその土地で就職し永住するとは思いもよりませんでしたが、帰国後はもう一度ビクトリア大学に行きたいと思い、大学院への留学を目指すようになりました。ゼミの中谷健太郎先生には大変お世話になり、お陰様で大学院にも合格し卒業論文も無事終えることができました。

　学生時代に深く学んだことは、先のことを心配しても仕方ないので、今見える範囲で今できることをやる、ということです。入学した頃には思いもよらない形の進路に進むことになりましたが、すべてこれまでに積み上げてきた物の上に立っているのもまた事実なのです。

2　異国の地で　社会の荒波にもまれる

　現在、ビクトリア大学にある、テクノロジーを使った教育をサポートする部署で、テクニカルサポートのチーム・マネジャーをしています。この仕事を始めるきっかけは、院生時代に大学の IT 関係の部署でアルバイトを始めたことです。当時留学資金が想像以上にかかってしまったことや、既に就職

して第一線で働いている同世代の人たちを見て焦りを感じたことから、とにかく何か職歴をつけるためにもと、学生用コンピュータールームのアシスタントを始めました。当時文系卒であまりコンピューターにも詳しくない私に、上司や先輩はテクニカルサポートの「いろは」を教えてくださりました。大学院修了後の進路も大学での就職を考えていましたが、所詮はアルバイトを2年ほどやっていただけという身。コンピューターサイエンスや工学を専攻している年下の同僚たちがどんどん就職していく姿にまた焦りを感じましたが、あくまでこの進路を選んだのは自分であること、そして結局のところ自分のできることを少しずつやっていくしかないと自分に言い聞かせコツコツと働きながらチャンスを待つことにしました。

　3年ほどそこでアルバイトとして勤めた後、2015年春、その経験を買われて現在の部署に就職することになりました。最初の仕事はインストラクショナルデザイナーという、オンラインの授業をデザインし大学の運営するラーニングマネジメントシステム（授業用のポータルサイト）で組む仕事でした。テクノロジーに加えて教育学の知識も要する職種で、また右も左もわからない状態からのスタートです。そんな私に優しく助言や手助けをしてくださった先輩方には非常に感謝しております。その後2020年に入ってコロナ禍の折、大学の講義がほぼすべてオンライン化することとなり、加えてそのニーズに対応するため大学のラーニングマネジメントシステムも新しいものに移行することになりました。それを受けた配置換えでテクニカルサポートをするチームのマネジャーを務めさせていただくことになりました。これまで積み上げてきた経験や知識が今まで以上に教員や学生のみなさまから必要とされ、ラーニングマネジメントシステムの移行に携わるという珍しい経験もさせていただき、多忙を極めてはおりますが、非常に充実した日々を送っております。これはどの職種についても言えることではありますが、やはり人のお役に立てることこそがこの仕事のやりがいです。

　多くの人に助けられ道なき道を闇雲に地道に進んできた大学院留学と社会人生活ですが、ここまで頑張ってこられたのもどれだけ落ち込んでいても信

じてここまで付き添ってくれた妻のサポートがあってのことです。

3　後輩のみなさんへ

　ここまで読んでくださったみなさん、ありがとうございます。最後に自分の経験から僭越ながらアドバイスさせていただきます。

　私は学部生時代には就職活動をせず大学院留学という道を選び、その後遅れた就職活動に苦労し、北米で教育関係の仕事に携わってきました。諦めず前に進み続けたから何とかなったのですが、今思えばもう少し戦略的に前進することができたはずというのが反省点です。

　大学4年間はあなたに与えられた白紙のキャンバスです。そのキャンバスをどのように埋めるのかはあなたの自由です。しかし学生生活を将来の進路に対して具体的なイメージをもって結びつけるのは難しいことです。ではどうやって上手く時間を使うのでしょう。みなさんにアドバイスしたいのは、イメージが掴めないうちは選択肢を潰してしまうような時間の使い方はしないということです。何が役に立つかはわかりません。しかし選択肢を潰してしまうとそれだけで将来の可能性を狭めてしまうことになりかねないのです。大学4年間私も多くの選択肢を潰しては後々後悔することがありました。アルバイト、資格、与えられたチャンス等々。長い間、私に欠けていたものは、目に見える範囲での可能性を崩さない、そしてその可能性をいかにして実らせるのかという戦略的な思考でした。

　至極当たり前のことですが、自分から行動しないと物事は前に進みません。そしてただ前に進めば良いというほど世の中は甘くなく、常にある程度の一貫性を持たせないと何かを実らせるのは難しいのです。しかし社会は常に変わり続けるものです。卒業後の進路が今現在思い描いている姿形で実現する人はおそらくごく少数でしょう。今取り組んでいるものがこの先にどう役に立つかなんてわからなくて当たり前なのです。将来に不安を覚えることもあるでしょう。しかし幅広く経験を積めばそれだけ変化に柔軟に対応できます。

だからこそ可能性を狭めないという考え方は非常に有用なのです。

　大学は幅広いチャンスに溢れた場所です。この大学生活は多くの人に出会い、専門家から講義を受け、趣味に打ち込むことができる、人生の中でも非常に貴重な時期なのです。どうかその選択肢の意義を今一度噛みしめ、自分は何をしたいのか、何ができるのかじっくり考えてみてください。ありきたりなアドバイスになってしまいましたが、少しでもあなたの今与えられた時間の使い方を考えるきっかけになれば幸いです。

　長くなりましたが、素敵なキャンパスライフを送ってください。

甲南大学での研究生活を振り返って

新田恭平
Nitta Kyohei

2011年 理工学部
機能分子化学科卒
／2013年 自然科学
研究科 化学専攻
修士課程修了／
2016年 自然科学
研究科 生命・機能科学
専攻 博士後期課程修了

兵庫県立工業技術
センター勤務

趣味・特技
旅行全般、
酒屋巡り、読書
好きな言葉（座右の銘）
七転び八起き、
為せば成る
学生時代に所属していたサークル等
文化会アメリカ研究会

1 フラスコ1個から始まった 苦しくも楽しい研究生活

　2007年に入学し、2016年の博士課程修了までの9年間を甲南大学で学びました。入学当初は博士課程まで進もうとは考えておらず、漠然と修士課程まで進学した後は、大学で学んだことを活かせる研究や開発の仕事に就きたいと考えていました。

　さて、4回生での卒業研究では、高分子化学の研究室の門戸を叩きました。学生が多かったため、配属時に与えられたのは30cm幅の実験スペースと合成用のガラス器具一式だけでした。加えて、高分子とは大きい・長い、くらいしかわからないレベルで、目的物を得るために一か八かで反応を仕込んでは、合成の結果がわかるまでに3日かけていました。今思えば、もっと早くできたんじゃないかと思えるくらい時間のかかることをしていましたが、3回生までとは違って先生との距離も近く、研究生活が始まったという感覚が新鮮ですぐに熱中しました。

　そして、進学した修士課程では論文を執筆す

る機会を与えていただきました。このことはその後の進路を変えるきっかけになりました。苦手な英語での論文執筆は時間がかかり、その上先生からの手直しも多く、投稿しても掲載不可や修正の通知がありました。論文が採用に届きそうになった時には、分析機器が不調に陥ってデータが出せない不運もありましたが、「あと少しで終わる」と諦めずに修理して、投稿の締め切りに間に合わせました。そうした苦労の末、執筆した論文が初めて掲載された時には何とも言えない達成感がありました。

　進路選択の時には、化学メーカーからの内定と日本学術振興会からの特別研究員の内定をいただいて、就職するか博士課程に進学するかで非常に迷いました。当時の就職活動は買い手市場だったこともあり苦労して得た内定だったのです。さらに、しばらく進学した人はおらず、学位は取れるのか、修了後の職はあるのか、と不安でした。ここまで悩むなら就職すべきかもしれませんが、論文が掲載された時に大きな達成感があったことや、ここでチャレンジしないのももったいないとの思いも少なからずありました。見かねた先生に「迷ったときは困難な方を」と背中を押してもらい、「学位が取れたらすごいし、頑張ればなんとかなるだろう」と不安を押し殺して進学を決意しました。

　悩み抜いて選択した博士課程でしたが、自分の能力不足から早々に挫折してしまいました。周囲に心配されるほど、本当にもう無理だと思うことが何度かありました。研究業績を残す努力はしていましたが、単純に目標に対してアイデアやその努力が不足していたこと、物事を俯瞰できていなかったことが原因だったと思います。しかし、当時は一度でも休んでしまうと行けなくなってしまうとも感じていたので、意地でも毎日通い続けることばかり考えていました。結果的には、先生や周囲の方の支えがあったおかげで無事に（運よく）修了することができました。思い返すと、他にもいろいろと大変な研究生活でしたが不思議と後悔はなく、国際学会へ参加できたことや他大学の方と交流できたこと、そして研究室での生活など、そこでしか得られない貴重な経験がたくさんありました。そこに対しては、一度きりの人生、挑戦

して良かったと胸を張って言えます。

2 日々の積み重ねが現在につながる

　博士2年生の終わりに民間企業への就職を決断し、学位取得後はフィルム加工の会社で働かせていただくことになりました。そして、不安半分の中、勤務地のある富士山の麓に引っ越しました。研修後の配属は開発部での製品分析を行う部署でした。仕事を通じて分析機器の扱い方だけでなく、製品が出荷されるまでの工程やそこに分析業務がどう関わっているのか、この業務の責任の大きさなど多くのことを学ばせていただきました。もちろん、仕事が思うようにできずに叱られることや力不足を痛感したことも多かったですが、職場環境に恵まれ周囲の支えもあり、3年目には任される仕事も増えていきました。そして、関わった仕事が製品の開発につながった時、感謝された時は、少しは会社の役に立てているという自覚や、やりがいを感じられるようになりました。同時に兵庫県へのUターンも考え始めていました。そんな時に以前から関心があった公設試験研究機関（公設試）での募集が兵庫県であることを知り、今のタイミングしかないと受験を決意しました。仕事や子育てと並行しながら手探りで試験勉強を始めたのですが、仕事のために勉強していたことが当日の試験で役に立ち、合格することができました。

　現在は兵庫県に採用され、県立工業技術センターに勤務しています。公設試は各都道府県に設置されており、中小企業や地場産業のための「技術の駆け込み寺」として、ものづくりの支援をする機関です。つまり、研究業務に従事し、培った技術ノウハウや研究成果を企業のものづくりに役立てることで企業の活性化、ひいては地域社会の活性化につなげていくことが仕事です。着任してからは感染症の流行などの影響で業務が滞ることもありますが、平常時は毎日企業からの技術相談や試験依頼があり、その一部を対応させていただいています。民間企業時代は公設試を利用する立場であったため、相談に来られる企業側の気持ちもわかるつもりです。そのため、中小企業の方々

にとって少しでも有益な情報・結果を提供し貢献することが、今の目標であり、日々の業務で心掛けていることです。今の自分には研究を行うアイデアもなく、対応できる業務の範囲も狭く限られていますが、今後の業務を通じて、お役に立てるように研鑽に励んでいきたいです。

　こうして振り返ると、異なる業界での仕事においても、大学院や民間企業で経験したことが、回りまわって活きる場面も多く、何事も経験して良かったと思います。それと同時に、力不足を痛感し、あの時やっておけば良かったと思える場面もあります。そして、周囲の方からの多くのサポートやご縁があったからこそ、今の自分があるということを実感することもあります。日々の積み重ねの大切さを改めて感じています。

3　実りある学生生活と　次のステージのために

　折角なので、大学院進学を見据えている方にいくつかアドバイスをさせていただきます。大学院生活を振り返ると、途中で諦めてしまわないために、修士課程、特に博士課程では明確な目標や相当の覚悟をもって邁進すること、そして自分に合った研究環境を見つけることも大切ではないかと思います。

　私の場合は奨学金の返還免除を目標としていました。大学院に進学することを親は想定しておらず、私自身も経済的負担をかけたくなかったので、修士課程では自分で学費を何とかしなければならない状況でした。給付型奨学金は外れてしまっていたので貸与型奨学金を借りましたが、学業成績が良いと返還免除になることを知り、「これは頑張れば学費もかからず、業績も残せるし、就職活動でもアピールすることができる」と思い、これを目標にすることで、授業や日々の研究にいっそう熱心に取り組めました。その甲斐あってか、奨学金の返還の一部免除を受けることができ、また、博士課程進学の際には運よく日本学術振興会から研究奨励金をいただくことができたため、ひとまず学費の心配をせずに博士課程に踏み込みました。明確な目標や覚悟

が足らずに進んだ博士課程でしたが、辛かった時や不安な時は自分のこれまでの成功体験などが励みとなり頑張り抜くことができました。

　そのため、進学を検討するのであれば、何のために進学するのか、自分の中での目標を明確にして勉強・研究に一生懸命に取り組み、たくさん挑戦して１つでも業績、成功体験を残してほしいと思います。それがモチベーションの維持や行き詰まった時に自分を支える励みになると思っていますし、運が良ければ学費の工面につながることになるかもしれません。

　もう１つ大切だと思うのは、自分に合った研究環境です。興味のある研究内容や友人とのつながりを考えて選択するのもいいかもしれません。けれども、研究室の中から多くの学生を見てきて、研究室の雰囲気や教育方針、周囲の人との相性などの環境が、その後の進路を拓くのに一番重要なんじゃないかと思いました。私の場合は、研究室に足を運び、先生や院生に研究内容だけでなく雰囲気などをヒアリングして、「卒業研究にちゃんと取り組めて、大学院ではいろんな経験もできて充実した研究生活になりそう」と思った研究室を選びました。これは学部問わず、卒業研究を選択されるみなさんにおすすめしたいことです。

　大学院での話に偏ってしまいましたが、最後に、大学では貴重な経験がたくさんできます。勉強、アルバイト、クラブ活動、ボランティア、趣味、何でもいいので、目標をもってチャレンジしてください。または熱中できる何かを探してください。社会に出て、いつか何かに行き詰まり悩んだ時にこそ、その時の経験が活きる時がくるはずです。みなさんの有意義な学生生活、その後の未来を応援しています。

人生というキャンバスに自分らしい色を描こう。

宇佐美明生
Usami Akio

2011年 法学部卒

株式会社NTTドコモ勤務、NPO法人あなたのいばしょ経営

趣味・特技
問いをつくり、
迷わず行動すること

好きな言葉（座右の銘）
人生はキミ自身が決意し、貫くしかないんだよ。

学生時代に所属していたサークル等
体育会ラグビー
フットボール部

就活支援団体 OBF
（第6期代表）

1 『なんとなく』から脱却し、人生の経営者へ

　思い返せば、20歳までの私は、責任感も当事者意識もなく、誰かが決めたレールの上を歩いていたと思います。言い換えるならば、自分の人生でありながら「人生の従業員」でした。そんな私が、大学生活を通じて『自分が人生の経営者であること』に気づき、一歩を踏み出したエピソードについてお話しをします。

　1つ目のエピソードは、恩師である笹倉香奈先生との出会いです。笹倉先生の授業を初めて受けた時のことは今でも鮮明に覚えています。適度に張り詰めた緊張感に、徹底した準備を感じる講義内容。そして教育への熱量も、人としての謙虚さも感じる。自分を見返した時に『なんだこの圧倒的な差は!?』と衝撃を受けました。「先生から多くを学びたい」と考えた私は、笹倉ゼミ第1期生に応募し、幸いにもゼミに入ることができました。そしてゼミでは、刑事訴訟法に関する理論と実践だけでなく、学問以外でも大切な気づきを得ました。

　とある日のことです。先生と何気ない会話を

していた際、「私、"なんとなく"っていう言葉が好きではないんだよね〜」という言葉がありました。この時、私は平然を装っていましたが、内心ドキッとしていました。『自分はなんとなく生きてないか!?』そう感じました。信念を持って挑戦している人の言葉には重みがあり、純粋にカッコいいと感じましたし、自分自身もそんな人間でありたいと強く感じました。思い返せば、先生のこの言葉に出会った瞬間から、本当の意味での私の大学生活がスタートしたのだと思います。

2つ目のエピソードは、裁判傍聴です。ゼミで一度経験したことを契機に、時間さえあれば裁判を傍聴しに行くほど魅了されていました。『なんとなく』から脱却する必要性を感じていた私は「なぜこれほどまでに魅了されているのか？」を言語化できるまで自問自答していました。そして、自分が無意識に大切にしていた価値観に気がつきました。それは、「人生の分岐点に向き合うこと」です。裁判傍聴では、「なぜこんな悲惨な事件が起きてしまったのか」と、被告人に対して怒りの感情を抱くこともありました。一方で、自らの過ちに向き合いながらも、再び前に進もうとする姿に強く心が揺さぶられることもありました。どんな人であっても『人生の経営者』であることを痛感しました。

3つ目のエピソードは、就活支援団体での活動です。就職先も決まり、「今後どんなことに挑戦しようか？」と考えました。そこで立ち返ったのは自分の大切にする価値観です。「人生の分岐点で貢献できること何か？」自ずと出た答えは、就活支援団体の立ち上げでした。自分のためではなく誰かのために、1人ではなく仲間とともに、寝食を忘れて必死に努力し続けた経験は、かけがえのない財産となりました。そして『自分が、自分の人生を、自分らしく、経営していること』を実感しました。

2 原体験から意味を見出し、道を決める

私が就職活動を開始したのは2010年。リーマンショック以降不況が続き、

就職氷河期と呼ばれた時期でした。今でも覚えているのが、当時キャリアセンター所長だった中井伊都子先生（現 学長）の言葉です。「世の中にはピンチはチャンスという言葉がありますが、ピンチはピンチです！」そういった内容でした。この言葉を聞き「自分が納得できるまでしっかり備えよう」と決めました。

　就職活動は、自分自身と徹底的に向き合う貴重な期間。私が大切にしたことは『原体験から意味を見出すこと』です。かつての体験をいろいろと振り返る中で、裁判傍聴についても振り返りました。そこで脳裏に焼きついていたのは、とあるタクシー強盗殺人の事件です。就職活動が始まる前から「なぜこんな悲惨な事件が起きてしまったのか？」と考えており、私が見出した答えは「そこにお金があるから」でした。「現金なんてこの世からなくしてしまえば良いのに」そう本気で考えていた矢先に出会ったのが「打倒現金」をミッションとするクレジットカード会社でした。自分が実現したい世界と一致したため、迷わず選考を受けることにしました。

　ご縁があり、そのクレジットカード会社に入社しました。キャッシュレス社会を実現するために、カードが使える場所を開拓したり、会社の中期経営計画を策定したり、業界のルールを創ったりと幅広い経験をさせていただきました。2019年はキャッシュレス元年と言われています。日本を代表する企業と手を組み、キャッシュレス社会を実現するための潮流をつくることができたことは大きな喜びでした。一方で「入社時に実現したかったことは達成できた」「やりきった」と感じました。8年間、公私ともにお世話になった大好きな会社でしたが、次のチャレンジングな道に進むべく、卒業をしました。

　次に選んだ場所は、「人生の分岐点」を社名の由来とする IT ベンチャー企業です。社長は起業家で、エンジニア出身、そして YouTuber。大企業では決して真似のできないスピード感で急成長する企業です。私はこれまで総合職としてキャリアを歩み、一定の成功体験もありました。しかし、IT ベンチャーのマーケターに転身し、優秀なエンジニアやデザイナーとともに働くことで「自分には突き抜けた専門スキルがないこと」を痛感しました。健全

な危機感を持ちつつ、努力せざるを得ない環境に身を置けたことは正しい決断だったと思います。

　現在は、非通信領域の強化を図るNTTドコモにエキスパート人材として参画し、1社目・2社目の経験を活かしながら、金融ビジネス基盤の企画／構築を担当しています。

　また兼業として、「あなたのいばしょ」というNPO法人を経営しています。創業者は大学生の社会起業家で、私とは10歳離れています。ただし、生き様や想いに年齢は関係ありません。『自身の原体験から意味を見出し、生きる道を定め、行動し続ける』彼を、私は心から尊敬しています。

　創業時から、「望まない孤独」を根絶すべく、24時間365日、年齢や性別を問わず、誰でも無料・匿名で利用できるチャット相談「あなたのいばしょ」を運営しています。創業からわずか半年で、多くの報道に取り上げられ、社会起業塾というNPOの登竜門にも採択されました。また一緒にチャレンジする仲間は500名規模となり、近い将来、日本最大級となっていく見込みです。今後も私のライフワークとして、ミッションを実現するために全力でチャレンジをしていきます。

3　すべての出来事は無色透明

　みなさんにアドバイスをできるほど、できた人間ではありませんので、最後に私が32年間の人生で得た最大の学びについて紹介をさせてください。

　それは、『すべての出来事は無色透明』ということです。みなさんの中にも、過去を振り返って、また現在において、喜びを感じたことや生きがいに感じていることがおありだと思います。一方で、人生のどん底を味わったことがある方もいるかもしれませんし、今後唐突に訪れるかもしれません。

　ただ、私が大切だと思うのは、繰り返しになりますが、『すべての出来事は無色透明』ということです。人生のどん底と感じる出来事も、その出来事自体は無色透明であり、自分が「どん底」と色づけしているだけなのだと思い

ます。この考えができるようになってからは、「自分の人生というキャンバスにどんな色づけをしようか」と、毎日ワクワクできるようになりました。

　最後になりますが、私が大好きな岡本太郎の言葉をご紹介し、みなさんへの応援メッセージと代えさせていただきます。

　『人間にとって成功とはいったいなんだろう。結局のところ、自分の夢に向かって自分がどれだけ挑んだか、努力したかどうか、ではないだろうか。夢がたとえ成就しなかったとしても、精一杯挑戦した、それで爽やかだ。』

卒業後も
大学時代は続いていく

鍋島志織
Nabeshima Shiori

2013年 文学部
人間科学科卒

株式会社
エスティック勤務、
歌人

趣味・特技
短歌、ボードゲーム
好きな言葉（座右の銘）
やってみたいを、
やってみよう。
学生時代に所属していたサークル等
文化会軽音楽部

1 やりたいことは 全部やった4年間

　学生時代は、とにかく「やりたいことを全部やった」4年間でした。特に部活動と勉強面は、やり残したことはないと思えるほどです。なんでもやって学費の元を取ろうくらいの気持ちも正直ありました。

　軽音楽部では、たくさんバンドを組み、100曲以上の楽曲をコピーする一方、部活内で互いに本をおすすめする「読書推進委員会」というイベントを開催したりしました。高校時代までは、何かをやってみたいと思っても一緒にやってくれる相手が見つからないことが多かったので、自分のやりたいことに付き合ってくれる人がいる環境がとても幸せでした。部活動でできた友人や先輩、後輩とは、卒業した今もよく遊んでいます。

　勉強面では、興味関心のある授業をとにかく積極的に受講しました。そもそも人間科学科を選んだ理由は、1つのジャンルではなく、心理学・社会学・環境学・哲学・芸術などを幅広く学べるところにあったためです。入学後、文学

部の他の学科の授業も受講できる制度を知ってからは、楽しそうと思えば他の学科の授業でもおかまいなく受講しました。ゼミも２つ入れる制度があったので、２つのゼミに入り卒業論文と卒業制作のどちらも完成させました。

　大学に入って最初の授業で、「どんな名作にも欠点を、どんな駄作にも利点を見つけられるようになりなさい。いろんな角度から物事を見ることができるようになってほしい」と言われました。感銘を受けた私は、読書や映画鑑賞のあとに、感想ノートをつけるようになりました。感想ノートには良いところと悪いところを織り混ぜて書くようにしました。すると、つまらないと感じたものでも、細かい部分で良いところを発見できるようになっていきました。ストーリーは退屈に思えても文章に魅力を見つけられたり、好きなシーンが多いことに気づいたりしました。無理やりにでも良いところを探しているうちに、自分のセンサーが活発に動き出したような気がしました。この経験は仕事でも趣味でも役に立っています。仕事を始めてからは大学時代ほど時間がなく、昔ほど丁寧な感想ノートを書けなくなってしまいました。時間のある大学生のうちに感想ノートを書いていて良かったです。

　大学時代はやりたいことが存分にできた最高の４年間でした。そのおかげで、今も「やりたいことはどんどんやってみよう」と思えるようになりました。やりたいことがあれば呼びかけて、興味を持ってくれた人と一緒にやってみる。やってみて、うまくいかなかったら反省してまたやり直す。そういうことが今も自然にできるのは、大学での４年間のおかげだと思います。

2 仕事も短歌も手を抜かないという選択

　現在はメーカーのマーケティング室で働きながら、短歌に関する活動を行っています。短歌の活動を始めたのは卒業してからのことでしたが、学生時代に勉強と部活、趣味、アルバイトと、並行していろんなことをやったおかげで、仕事と短歌を両立して活動できているんだと思います。

　短歌の活動では、短歌のカードゲーム「ミソヒトサジ」を制作・販売した

り、短歌の Web マガジン「TANKANESS（タンカネス）」を立ち上げたり、短歌のワークショップを開催したりしています。岡本キャンパスの5号館にあるギャルリー・パンセで短歌の展示を行ったこともありました。

　趣味で短歌のワークショップを開催しているうちに、3年前から甲南大学の留学生向けの授業で年に一度、講師として短歌を教える機会をいただくことになりました。大学で授業をできたことは自信につながり、それ以降は求職者や不登校の学生など、いろんな方に向けてワークショップを行っています。

　卒業してからも母校とつながりが持てるのはとても幸せなことだと思います。カードゲームを生協に置いていただいたり、ワークショップを開催させていただいたりと、卒業してからも甲南大学にお世話になるとは、当時は思っていませんでした。

　学生時代の「感想ノート」で身につけた「良いところを見つける」目は、講師として非常に役に立っています。どんな短歌を提出されても、必ず良いところを見つけて褒められるからです。

　メーカーのマーケティング室に転職したのは今年の1月でした。「自分の意見を出す」ことを歓迎される職場で、人間科学科のたくさんのレポートやディベートの中で培った力がここでも発揮できることを嬉しく感じます。

　意外だったのは、社内での会議で活発な議論が行われている最中にホワイトボードに議事録をまとめていると、「議事録を取るのがうまい」と褒められたことです。大学で授業のノートをわかりやすくまとめようと努力した経験がこんなところで実るとは思っていませんでした。

　業種も職種もこれまで経験のないもので、まだまだ勉強しなければいけないことがたくさんあります。しかし、大学で未経験だったギターを毎日練習しているうちに少しずつ自信がついたときのように、「初めてだから」を言い訳にせずに頑張れる力が自分にあると信じています。

3 今の自分が、未来の自分を助けてくれる

　学生時代は、やったことがやった分だけ力になる時期だと思います。それは、ギターを頑張ったからギターがうまくなった、というスキルだけの話ではありません。私は、不器用な自分が毎日基礎練習を継続することで上達した経験から、自分には「初めてのことでもこつこつ努力できる」自信がつきました。

　リズム感がまったくなく、不器用でギター未経験だった私は、部活に入ってすぐに「うまくなるのは無理やな」と感じました。「適当にやりながら、そこそこ楽しめればいいか、勉強もバイトもしたいし」という諦めのような気持ちがありました。2回生になる前に、先輩から基礎練習の仕方を丁寧に教えてもらいました。「毎日練習して、手帳に丸をつけろ、たまに手帳をチェックするからサボるなよ」という本気か冗談かわからないことを言われました。そのとき、「冗談かもしれんけど、とりあえず毎日やろう」と決めて、その日からどれだけ忙しくても、最低5分はギターに触るようにしました。旅行の日でも、でかける前に5分だけ弾いた記憶があります。自分は継続力がないと思っていたので、毎日基礎練習を続けられたことが自信になりました。1回生のときの気持ちのままだらだら続けていたら、そんな自信はつきませんでした。

　感想ノートをたくさん書いていろんな角度から物事を見られるようになったこと、自分の意見を出せるようになったこと、部活と勉強を並行して頑張れたこと、大学時代に頑張ったことが、今の自分の自信になっています。

　やったことがやった分だけ力になるというのは、もちろん社会人になってからも一緒です。ただ、学生時代は自由に使える時間がたくさんあります。私のようにやりたいことを広く浅くやってもいいし、1つのことに集中して時間を割り振ることも可能です。

　今は何に役立つかわからないような経験が、何年もあとになって役に立つ

ことがあります。学生時代と社会人生活はきっぱり分かれているように思えますが、実は地続きです。4年間で、学科や部活動の友達や先輩、後輩、教授、たくさんの出会いがあると思います。その出会いの中に、卒業後も関係が続く方がいるはずです。悩んだときに話を聞いてくれる、どうでもいいことを話せる、自分の知らない世界を教えてくれる。たくさんの素敵な方に出会えるはずです。

　楽しいことも苦しいことも、たくさん経験してください。今のあなたが、未来のあなたを救ってくれる日が何度もあるはずです。

人生は一度きり。
だからこその映画館人生

宮本裕也
Miyamoto Hiroya

2013年 文学部
人間科学科卒

一般社団法人
元町映画館勤務

趣味・特技
映画鑑賞、
アウトドア体験

好きな言葉（座右の銘）
人生一度きり

学生時代に所属していたサークル等
体育会合気道部

1 初めて尽くしの合気道部と 映画の見方を知った映画『鳥』

　大学時代は合気道部に所属していました。高校時代から地域のコミュニティサークルで体験はしていたものの、体育会に参加するのは初めて。最初は先輩のご指導についていくのが必死でした。体力がない私にとって、ランニングなどの基礎体力作りは特に大変でした。それでもついていくことができたのは同期の存在があったからです。特に、1年目の夏合宿。慣れない環境、早起きしての朝練は正直「なぜ大学にも入ってこんなことを…」と自問する毎日でした。辞めようと思ったこともあります。それでも同期と同じ時間を過ごし、汗を流して稽古をするうち、合宿最終稽古の千二三体操では自然と身体から声が出ていました。驚いたのは合宿後の通常稽古。今までぎこちない動きだった技が少し滑らかになっているのが自分でもわかり、硬い畳の上で稽古した結果、基礎の受け身も以前よりも自然にできるようになっていました。その合宿での基礎、経験があるからこそ誰かに技を伝えることができます。経験に勝るものはあ

りません。部活動で先輩たちや同期と過ごした時間は今でも私の財産です。

そんな部活動をしつつ、私にとって今の仕事に通じる授業を体験します。それが、森年恵先生が担当する「作品表現研究」（現在の「映像表現研究」）という授業でした。就職活動を少し先に控えた2、3年生の時に、漠然と映画の仕事に就きたいなと考えていた中で受講した授業でしたが、これを受けて映画の見方ががらりと変わりました。印象深かったのはサスペンス映画の巨匠アルフレッド・ヒッチコック監督の『鳥』の1シーンを研究する回。カメラショットの切り返し、画の中に何を収めるか選択するだけでシーンの意味が変わっていく。それまで単なる娯楽に過ぎなかった映画に、1シーンの大切さ、作り手の想いが映画に込められていることを知った瞬間でした。それ以来時間があれば、映画を観るようになりました。大作もミニシアター系もとにかく何でも観る。そして面白い作品はなぜ面白いのか、つまらないのはなぜか…を考えて観るだけで2時間の映画でも違った作品に思えました。

その授業を受けてからは無我夢中で、映画に関わる時間を増やすようにしました。例えば宝塚映画祭のボランティアに参加したり、旅行に行くと映画館に寄ってみたり、映画の近くにいれば何かが起こると考えて行動しました。私の性格でもあるのですが、大学時代は積極的ではありませんでした。でも、合気道部での活動や「作品表現研究」の受講を通して、行動すること、経験することが何よりも大切だということに気づきました。人間科学科は心理学や芸術など幅広く学べる学科ですが、あくまで教えてくれるのは講座の内容だけ。その時間を経て、気になることがあれば深掘りするのは自分自身です。正直、自分にハマらない授業もありましたが、私が何よりも大切にしていたのは楽しいかどうか。経験もできて、自分が楽しいかどうか。それを知ることのできた自分は幸運だったのかもしれません。

2 無ければ作ればいい。好きなことはとことんと

就職活動では大手映画会社、新聞社などのメディア系を受けましたが全然

ダメ。元町映画館で勤務する以前は、まったく違う分野の企業に勤めていました。そんな自分に転機が訪れたのは社会人1年目で体験した、京都での映画の配給・宣伝のワークショップでした。映画祭などのボランティア経験はあるものの、映画業界の方と一緒に映画のことを考えるのは初めてのこと。映画館支配人にインタビューを行ったり、約半年間さまざまな経験をしました。漠然としていた映画の仕事が少し形になって見えてきた頃に出会ったのが元町映画館でした。映画館でのボランティアの存在を知り、迷わず連絡。そこから今の私の映画館人生が始まります。仕事をしながら週二回で映画館ボランティアの活動を続けていくうちに、その生活をやめて映画の仕事に就こうかと迷い始めました。そのとき同僚や当時住んでいた寮母さんに言われたのが「人生一度きりやで」という一言。この一言がなければ私の映画館人生はなかったかもしれません。

　元町映画館は、元町商店街にある、1スクリーン66席の映画館です。小さいといっても有名人が出演、世界的に有名な映画祭で受賞歴のある作品も上映します。さらに著名人を呼んで舞台挨拶もします。そんな劇場でどんな仕事をするのか？　答えは「何でもします」です。映写機を動かし、映画館の受付や舞台挨拶の司会なども行います。しかも映画業界体験もない「素人」。だからこそ怖いものなしともいえます。現在、私は2つのことに特に力をいれて働いています。

　1つ目は街を巻き込む映画を盛り上げるための企画です。石川県能登地方の日本酒杜氏を描いたドキュメンタリー映画『一献の系譜』を楽しんでもらう企画として、来場者に兵庫県や石川県の日本酒を振舞い酒として配布。さらに映画を観た後にでも日本酒を楽しんでもらうために近隣の居酒屋でオリジナルメニューを用意していただきました。

　2019年に兵庫県立美術館で行われた展覧会「富野由悠季の世界」を盛り上げるために、関西の映画館に呼びかけ、「機動戦士ガンダム」などの富野由悠季監督の作品の特集上映を企画しました。当館では「機動戦士ガンダム　逆襲のシャア」を上映。さらに、富野監督による舞台挨拶を開催しました。夢

が叶った瞬間でした。さらに「富野監督の作家性を好む人は何が目的なのか、展示物の絵コンテなどが映像になった形を公開当時の大スクリーンで確かめたいのではないか」。自分ならば行ってみたいと考えた企画です。どちらも作品に対しての自分の好きな気持ちを伝えて、行動することで実現した結果でした。何より自分の働く映画館のスクリーンに自分の好きな作品を上映でき、お客様が喜んでくれる。これ以上の幸せはありません。イベント後のお酒の味は今でも忘れません。

　2つ目は広報の活動。宣伝と同じく、広報の仕事も始めた頃は素人でした。だから仕事をする前にテーマを決めて行いました。それは「攻めること」。特に力を入れたのはラジオの仕事です。ラジオ番組に出演した際に関係者からの「映画のコーナーがあれば嬉しい」という声を聴きすぐに企画書を作り、関係者に直談判し採用いただきました。ラジオの生放送は戦場です。リスナーが映画を観たくなるような言葉を探す必要があります。言葉の手札を増やすため、出演者らとの立ち話は欠かせません。以上の2つは好きじゃなければ実現できないと思います。「好きをとことんと」、これも仕事をする上で大切にしている点です。

3　人生一度きり、大切なのは遊ぶこと

　人生何が起こるかわかりません。大学に入学した時には自分が映画館スタッフになり、好きな作品に接し、しかも作り手と一緒に仕事ができるとは思いもしませんでした。入学して目標に向かって突き進むのは大切なことです。何よりもその熱意はどこでも役に立ちます。熱意を生むにはどうするか。それは「遊ぶ」と「本物に出会うこと」の2点です。

　「遊び」をもっと学生時代にしておくべきだったと今でも後悔しています。合気道、楽しかったです。でも24時間合気道していたわけじゃありません。ちょっとした隙間時間で映画を観たり、本を読んだり、舞台を観に行く。そうした遊びをもっと体験していれば良かったと思います。この仕事をしてい

ると、出会う人はみんな「自分の言葉」で話をします。学生時代、足しげく通った元町映画館をはじめさまざまな映画館で、そんな言葉を持つ映画監督や俳優さんとお話しできたことは一生の財産です。自分の好きなことや興味のあることを仕事にしている本物のプロだからこそ、話せないことも多くあります。「自分の言葉」を持つのは映画関係者だけではありません。ラジオでも新聞社といった業界で働く、その道のプロたちはさまざまな考え方を持っていますし、仕事の方法も違います。そんな人たちにぜひ出会ってほしいです。出会った時間が5分だったとしてもそれは財産になると思います。

　私はまた、映画の宣伝のために、監督や俳優さんに会うためにプライベートで遠征することも多々あります。学生時代より時間はありませんが、知っているから行動できます。自分で行動し、会いにいく。知ることで、できることは増えていきます。行動することで自分が大学時代にしたいことも見えてきます。あとはそれに向けて進むだけです。私の今の立場は一言で言えば運が良かった…という話にもなりますが、遊びを通して、本物に会ってみて初めて「こんな風になりたいな」と思うようになりました。

　今、好きなことや熱中するものがない人も多いと思います。大学生活で見つかる人もいれば、卒業後に形になる人もいます。私の場合は漠然と「映画」という好きなものがあって、授業を受けて、人に出会い、行動して今があります。きれいごとかもしれませんが、私の周りには決断や行動をして次のステップに進む人が大勢います。「人生一度きり」、この言葉を胸に「遊び」「本物に出会う」ことも大切にしつつ、たまに映画館で映画も観るような素敵な学生生活を送れることを願っています。

興味が将来につながる
：大学生活でやってきたこと

井上謙仁
Inoue Kento

2013年 マネジメント
創造学部卒

近畿大学経営学部
講師

趣味・特技
読書、音楽、
カメラ、旅行

好きな言葉（座右の銘）
「できる、できない」を
決めるのは自分だ

1 興味があったら やってみる

　学生時代を思い返したとき、私は何か1つの
ものに打ち込んできたかというとそうでもな
かったと思います。むしろいろいろなことを
やってきたなという感想をもちます。その意味
で、私は「興味があったらやってみる」という
ことに打ち込んだといえるかもしれません。そ
のやってきた中でも重要だったのは、大学の授
業とアルバイトでした。

　私が甲南大学に入学したのは2009年です。
そのときに設立されたマネジメント創造学部に
1期生として入学しました。大学に入っただけ
でも新鮮な気持ちになるものです。さらに、私
の場合は新設学部という新鮮さもあわさりまし
た。なので、私はこの気持ちを大切にして、大
学の勉強を頑張ろう！　という気持ちでいっぱ
いでした。

　とはいえ、何を勉強したらいいかはあまりよ
くわかっていませんでした。そこで、私は興味
のある授業には迷わずに履修することにしまし
た。大学での勉強は、どうしてもひとつの領域

に固まりがちになるものです。しかし、マネジメント創造学部は、経済学や経営学のさまざまな領域が学べる環境が整っていました。それが私を後押ししてくれたように思います。そこに、私の専門である会計学があり、私は会計学に出会ったということになります。

　「興味があったらやってみる」の精神は、ホテルのメインダイニングのアルバイトでも生かされました。そのアルバイトをはじめたのは、私がお酒好きで、「カクテルなどのお酒を勉強できたらおもしろいんちゃうかなあ」という興味からでした。そのお店は深夜帯までやっているところで、私は夜の営業から閉店作業までを主として担当していました。さまざまな立場のお客さんとの出会いや、結婚式のパーティーの運営など、日常では経験できないことをいろいろ経験させていただきました。

　そのアルバイトの中でも、私が一番印象に残っているのが、閉店作業のひとつであるレジ締めという作業です。レジ締めは、レジの中に入っているお金を数え、その日の売上を記録します。その売上の記録という作業に私はとても興味をもちました。お店を営業すれば、売上が出ます。お客さんの入りがよかったら、その日の売上は高くなります。逆に、あまりお客さんが来なかったら、売上は少なくなります。それは当然のことです。しかし、その当然さに私は興味をもったわけです。お客さんが入る入らないという事実が、売上というお金として記録されていくことをおもしろいと感じたのです。

　お店は儲けを得たいと考えながら経営します。儲けを得るためには、当然売上をより多く獲得することが必要です。お客さんが入ったら儲かるし、入らなければ儲からない。それがお金として記録されていく。これはとても生々しいことなのですが、私はとてもおもしろいと思えたわけです。ならば、この儲けを得ることについて、より詳しく知りたいと思うのは当然でした。

　こうして、「興味があったらやってみる」という姿勢は、私の将来に大きく影響をすることになったのです。

2 過去のきっかけは今につながる

　私は現在、近畿大学経営学部の講師として働いています。つまり、大学の先生です。専門は財務会計なので、会計学の先生ともいえます。私の主な研究は、国際財務報告基準（IFRS）が日本企業で利用されることで、どのような影響が生じているのかについての統計的分析になります。グローバリゼーションの進展により、各国ごとに異なる会計のきまりを世界的に統一してしまおうという動きが出てきました。その役割を担っているのがIFRSです。日本でもIFRSは企業自身の意思により利用可能です。私は、会計のきまりが日本のきまりからIFRSに変わることによって、企業や株式市場などにどのような影響があるのかについて日々研究を行っています。

　私は大学の先生になりました。それになろうと思ったきっかけは2つあります。1つ目は、両親の仕事です。父はコンピュータープログラムの開発を行う会社の社長です。小さな会社ですが、経理を担当する母とともに日々会社を運営しています。そんな両親の姿を子どものころから見てきました。そして、私は子どもながらにその大変さを強く感じていました。

　会計学の道に進んだきっかけは、その両親の苦労を見ていたところにあるように思います。会計学の研究者は、ざっくりいえば、会計が世の中の役に立っているのかについて明らかにしようとしています。世の中で、企業の経営に携わる人たちは日々汗水を流して儲けを出し、会計を通じて自分たちの儲けについて報告します。したがって、会計には、経営に携わる人たちの苦労が記録されているともいえるかもしれません。ですので、会計が世の中の役に立つということは、経営の苦労が世の中にきちんと伝わっていることを意味している部分があると思います。両親の苦労を見てきた私が、会計の研究をするというのは、ある意味必然だったのかもしれません。

　2つ目のきっかけは、学生のときに一番お世話になった先生です。先生の授業やゼミを受ける中で、先生はよく研究の話をされていました。さらに、

研究の話だけでなく、研究者とはどんな人間かという話もされていました。また、卒業論文の指導では、論文とはどんなものなのか、あるいはそもそも研究とは何なのかについて、熱心に指導していただきました。そこで得た知識というのも、もちろん今の仕事につながるわけです。とはいえ、私が一番印象的だったのが、先生が研究の話を本当に楽しそうにされているということでした。そんな先生を見て、このとき私が思ったのは、「研究って楽しいんだ」ということでした。この楽しさというものを追い求めたことが、私が大学の先生になったきっかけとなりました。

3 将来何をやっているのかは わからない

　私は今や大学の先生です。ですが、その事実をマネジメント創造学部の1年生だった自分に伝えたとしても信じてもらえないでしょう。今の仕事のきっかけは、確かに昔からいろいろあったことになります。しかし、そもそも大学の先生になろうと決心したのは学部を卒業した後、修士課程の1年生の時です。修士課程に行こうとしたのは、大学の先生になりたいと思ったからではありませんでした。研究の世界を垣間見たいという興味からです。修士課程を修了した後に、一般企業に就職をしている可能性もありました。

　つまり、学生の時に、私は将来の方向性が何も決まっていなかったことになります。今となればそれでよかったと思います。とはいえ、もちろん不安はありました。周りが就職活動をする中、私は大学院の試験の勉強をしていたわけです。しかも、修士課程に入学しても、将来については明確ではありませんでした。なので、見通せない将来について、漠然とした不安はありました。

　不安は嫌なものです。不安はない方がいいに決まっています。しかしながら、その不安にただ流されるのではなく、不安を利用してみてはどうでしょうか。つまり、その不安自身に興味をもってみるのです。なぜ不安に思うのか？　その不安をどのように解消したらいいのか？　不安に興味をもち、不安

を分析すれば、何か行動を起こせるきっかけを得られるかもしれません。

　私の場合は、見通せない将来の不安は、研究の世界に残って大学の先生になることで解消されると思いました。自分なりに向いている世界だなと思ったからです。しかも、研究が楽しいのです。この世界に残る以外の選択肢はないと思いました。ならば、そこにどうやって残るのかについて考えることになります。なるほど、修士論文を書いて修士号を取得したら、次は博士課程に行って博士論文を書くことになるんだな、そして博士号をとって就職するんだな……という方向性が見えてきました。そうなると、あとは目標に向かって突き進むのみだったのです。

　将来の自分は何をやっているのか。そのことはわからないのが当たり前です。小さいときに夢に見た将来を誰しもが実現しているなんてことはありません。とはいえ、それに悲観してはいけません。まずは今の自分の状況をよく見ることが重要です。そこに不安を見つけるかもしれません。それは自然なことです。その不安をよく分析しましょう。その不安にむしろ興味をもつぐらいになりましょう。そして、今できることをやりましょう。興味があることはありませんか？　その興味のあることをとりあえずやってみてください。やってみて楽しくなければやめたらいいのです。とりあえずやってみるというのが重要です。

　今はいろいろなことに興味をもってやってみましょう。その興味の積み重ねが、将来の自分というものを形成してくれることになるのです。

学生時代の出会いは宝物！

国広潮里
Kunihiro Shiori

2013年 フロンティア
サイエンス学部卒／
2015年 フロンティア
サイエンス研究科
修士課程修了

一般財団法人
沖縄美ら島財団勤務

趣味・特技
消しゴムはんこ作り、
スキューバダイビング

好きな言葉（座右の銘）
どうせやるなら
なんでも楽しく！

1 好奇心のおもむくままに、行動！

　私は、修士課程までの6年間を甲南で、博士後期課程の3年間半を国立大学法人琉球大学大学院で、合計9年間半の学生生活を送りました。

　私が所属していたフロンティアサイエンス学部（通称：FIRST）は、少人数制だった上に、私たちが1期生ということもあり、先生方を始め、事務室の方や後輩たちとの距離も近く、とても密度の濃い6年間を過ごしました。先生方の研究室に訪問しては、何時間もお話しを聞いていただいた日は数えきれません。FIRST でも琉球大学でも、研究が忙しい時には、夜中までヘトヘトになりながら実験をして過ごし、同級生や研究室のメンバーと励まし合っていたのが懐かしいです。このように研究漬けだったこともあり、サークル等には所属せず、平日のほとんどの時間を学校で過ごしていました。そして、休日や研究の合間の時間は、アルバイトやさまざまな活動に参加するために使っていました。

　学生生活の間に経験したアルバイトは、休憩

時間にイルカを見るために始めた神戸の水族園の売店のレジや、ライブイベントスタッフ、テーマパークのライド系アトラクションの誘導、野外での生き物ガイド、ウミガメの甲羅そうじなど、多岐にわたります。この中でもテーマパークでのアルバイトを経験したことで、「将来はどんな形であれ、誰かに感動を与えて、心を動かすことのできる人になりたい」と、考えるようになりました。また、エンターテインメントは、スタッフが一丸となって、常にお客さまの安全を第一に考えながら動いているからこそ成り立つことだと学んだのも、このアルバイトからでした。この頃のアルバイト仲間とは今でも交流があり、常に考えて行動する経験はどんな仕事にでも役立っているよねと、よく話しています。

　アルバイトの他には、神戸にある水族園が実施する生き物の野外調査によく参加していました。その水族園の園長に、八重山諸島の黒島にあるウミガメの研究所を紹介していただき、海洋生物の飼育補助などの研修を受けるため、長期休暇の度に訪れていました。この経験から、沖縄の自然や文化に完全に魅了された私は、「沖縄の海で生物の研究がしたい。」と琉球大学大学院への進学を希望するようになりました。

　琉球大学大学院に入学すると、念願だった海に潜って調査をする毎日を過ごしました。その生活の中で、「今度は私が、この沖縄の魅力で、多くの人の心を動かしたい。」と考えるようになり、沖縄美ら海水族館の解説員の採用面接を受けました。面接では、テーマパークでの経験や黒島での活動経験を基に、自分の言葉や方法で生物の魅力を伝えられるようになりたいとお話ししたことを覚えています。

　振り返ってみると、私の学生時代の９割は研究生活で、あとの１割は好奇心のおもむくままに動き回っていたように思います。

2　心に興味のタネをまく！

　琉球大学大学院を修了した後、沖縄美ら海水族館で解説員として働いてい

ました。その名の通り、水槽内の生き物を解説する仕事です。どれだけ生き物の勉強をしても、人前に出るとなかなか言葉が出ないことも多く、人通りがない階段でモゴモゴ練習したり、自分の解説を録音したものを聞いて凹んだりと、解説の質を上げるべく、毎日が修行の日々でした。そんな中で迎えた、ジンベエザメの給餌解説デビューの一言目、「こんにちは！　沖縄美ら海水族館へようこそ！」を発した時の緊張と興奮は忘れられません。

　現在は、沖縄美ら島財団総合研究センターの普及開発課に所属しています。センターには、普及開発課の他に、3つの研究室（動物研究室、植物研究室、琉球文化財研究室）が設置されていて、沖縄に関する各専門分野の調査研究を行っています。普及開発課では、主に沖縄の自然や文化について「伝える」仕事をしています。学びや調査の拠点を目指す「美ら島自然学校」の管理運営や、一般向けの学習会の開催、自然科学に関するイベントへの出展、沖縄県内での出張授業や学校連携事業などです。

　学習会というのは、沖縄の自然や文化に関する、2時間前後の一般向けのプログラムです。現在、私が講師を担当するのは、主に沖縄のお土産で有名な「ホシスナ」についての学習会です。私がプログラムを組み立てる際には、「とにかく安全に楽しんでもらい、心に興味のタネをまく！」ことを目標に掲げています。「心に興味のタネをまく」というのは、学習会の参加者に「おもしろい！　もっと知りたい！」と思ってもらい、これまで気にも留めていなかった身近な生き物に、目を向けてほしいという気持ちを込めています。そのため、学習会中は、参加者が楽しんでいるかどうかを確認すべく、表情に目を配りながら、進めています。終了後のアンケートでは、いろいろな感想を書いていただきますが、その中でも、「もっと知りたくなった」という言葉があれば、私の中で「心の中に興味のタネをまく作戦」は大成功です。今はまだ、職員間での反省会で、段取りの悪さや資料不足などの反省点が山のようにできてきます。それらを1つずつ改善していき、最終的にはすべての参加者に「もっと知りたい！」と思ってもらえるような学習会を目指したいと考えています。

現在は新型コロナウイルス感染症の拡大によって、学習会などの開催にあたり、これまで通りとはいかないことも多いです。しかし、この状況をマイナスに考えず、これまで思いつかなかった方法を模索できると考え、これまでより多くの方へ、沖縄の魅力を発信していけたらと思っています。

3　とにかく声に出してみて！

私は社会人になってからまだ数年しか経っていないので、的確なアドバイスになるかわかりませんが、学生のみなさんにおすすめしたいことは「自分のやってみたいことは、声に出して誰かに話してみること」です。

学部生の頃、甲南大学同窓会の先輩に、「私には沖縄の海への漠然とした憧れがあるけど、どうやって沖縄へと繋げたらいいのかがわからない。」と相談した際に、「漠然とでもいいから、やりたいことをもっと声に出してみてごらん。きっと、誰かが聞いてくれているから。」とアドバイスをいただきました。半信半疑でしたが、それからはさまざまな場面で沖縄の海への憧れについてお話しすることを意識していました。すると、神戸在住で、沖縄と交流しながら事業をしている方々と知り合うことができ、これまで知らなかった沖縄の歴史や文化について勉強させていただくことができました。その方々とは、今でも仕事でご一緒することがあります。

黒島の研究所で生き物の飼育などの研修が受けられたのは、神戸の水族園の園長に「もっと海洋生物の勉強がしたい」と相談して、ご紹介していただいたことがきっかけです。また、琉球大学大学院の試験を受ける前に、沖縄で予備的な調査を1か月間実施したのですが、それは「甲南大学同窓会チャレンジ基金」でいただいた資金がなければ、実現しませんでした。これも、挑戦したいことを、面接官の方々に伝えられたからだと考えています。

さらに、琉球大学大学院に入ってから「沖縄美ら海水族館で働きたい」と考え始めたときも、「沖縄美ら海水族館でアルバイトがしたい」と周囲の友人に相談したことで、ウミガメの甲羅そうじをするアルバイトを紹介してもら

うことができました。このときのアルバイト経験が、現在、美ら島自然学校で飼育しているウミガメについて説明する際に、とても役に立っています。

　改めて思い返すと、声に出すことによって、本当にたくさんの方々が私の声に耳を傾けてご縁を繋いでくださったから、今ここにいられるのだと思います。私は今後も、これまでやこれからのご縁を大切にしながら、声を出すことを忘れずに進んでいきたいと思っています。どうか学生のみなさんも、人との出会いを大切に紡いで、やりたいことを実現していただきたいと思います。そして、いつか甲南大学同窓会でお会いした際には、みなさんが紡いだ出会いのお話をお聞かせいただけることを、心から楽しみにしています。

大学生活で「何を学ぶか？」

大橋卓史
Ohhashi Takashi

2014年 フロンティア
サイエンス学部卒／
2016年 フロンティア
サイエンス研究科
修士課程修了／
2019年 フロンティア
サイエンス研究科
博士後期課程修了

株式会社カネカ勤務

趣味・特技
**琵琶湖で
マリンスポーツ**

好きな言葉（座右の銘）
七転八起

1 研究漬けの大学生活

　私は第一志望の大学入試に失敗しました。そのこともあり、大学に入学する前、当時大学4年生の兄から大学生活のアドバイスをもらいました。それは、「どこの大学に行くかではなく、そこで何を成し遂げるかが大事である」という趣旨の言葉でした。卒業した今考えてみても、学生時代の過ごし方のアドバイスとしては、この一言につきると思いますが、入学当時の私はそれを行動に移すまでには至らず、卒業できる程度の単位があればいいと思い、テスト前に勉強する程度で、意欲的に講義を受けることは少なかった気がします。部活動やサークル活動もしていなかったため、悩み多き頃の懐かしい思い出は多いものの、「これをやった！」という達成感や充実感というものはなかったです。

　そんな私の大学生活を変えるきっかけになったのが、ナノサイエンス系の講義でした。ナノ材料分野では、物質の構造や性質を原子・分子レベルで解明するとともに、物質をナノサイズで扱うことにより発現する機能を利用して革新

的機能性材料の創製を行っており、各種材料の性質をナノスケールで自在に制御できることに惹かれました。そのような化学の創造性に魅力を感じたことから、研究者への道を選択し、大学院へと進学することを決心しました。

それからの私の大学時代の思い出は、ほぼ研究室一色です。4年生以降は、学生生活のほとんどの時間を研究室で過ごしました。研究室にもよく泊まって夜遅くまで実験をしたものです。この頃は、実験や研究内容の勉強で忙しく大変でしたが、毎日が充実していました。兄のアドバイスである「何を成し遂げるか」に対しても、成し遂げたいものを見つけることができ、胸を張ることができた気もします。

大学院時代は、学術誌への論文投稿、海外での学会発表など、いろいろな面白い経験をすることができました。当時やっている最中は大変で苦しかったのですが、改めて振り返ってみれば楽しかったなあという印象です。学会で普段出会わない人と友達になれたのも良い思い出です。今でも、たまに連絡を取り合って飲みに行き、大学院時代のほろ苦い経験に花を咲かせ楽しんだりしています。

この研究室生活で学んだことは、今の自分を形成するのに必要不可欠であるといえるほど大きなものとなっています。研究職というのはトライ＆エラーの連続であり、文献を調べて仮説を立て、実験をしてその結果を検証し、また仮説を立てるというプロセスを反復する毎日です。こつこつと長い年月同じことを繰り返すことができる「研究者としての基礎体力」は、この大学生活で培われたものだと思います。

2 科学の力で人々の豊かな生活をサポート

「サイエンスを通じて社会に貢献したい」という、漠然とした希望はもっていたものの、大学で研究を続けるか、企業で技術職として働くかは悩んでいました。就職活動が始める前に改めて、自分は何がしたいのか？　何が好きなのか？　について自問自答しました。研究したモノを世の中に残したい、モ

ノづくりがしたいという気持ちがあったことと、研究も好きだが、人を喜ばせることも好きな性分であったため、企業で研究することを選びました。あくまで私の所見ですが、大学で研究をしている人は、自分が面白いと感じたことに没頭する、または自己満足がモチベーションという人が多いと感じていたからです。

「サイエンスは人の生活を豊かにするもの」であると考えている私にとって、就職活動中に目にしたカネカのキャッチコピー「カガクで ネガイを カナエル会社」は何か惹きつけるものがありました。同社では、化成品はもとより、環境・エネルギー、情報通信、医療・医薬、住宅・建築・土木、自動車・航空・宇宙、食品・サプリメントなど、多岐に亘ってさまざまなモノをつくっていて、面白そうな会社だなと思ったことが入社を志望する決め手になりました。

カネカに入社後、エレクトロニクス製品の技術開発に携わっています。エレクトロニクス材料といっても多種多様ありますが、私の研究対象は高周波に適応した高分子フィルムと呼ばれるもので、5G対応スマートフォンに組み込まれる材料となります。私は運よく1年目から、この新規アイテムの基礎研究から実機スケールでの工場実験にまで携わることができました。少し開発の流れをお話しすると、まずラボスケール（研究室レベル）で要求スペックを達成するための実験を行います。要求物性を発現できたら、その後はスケールアップ（生産量を増大）するための準備を行い、最後に生産ラインで試作して、サンプルワークを行います。やや乱暴なたとえをしてみます。1000人前のお好み焼きをつくる際に、1つずつ生地をつくって1000個分のお好み焼きを焼くのではなく、1000人分の生地を大きな容器でつくって焼くとイメージしてください。水や卵、小麦粉の分量は計算できますが、かき混ぜる作業は大変です。1人前のものとまったく同じに生地をつくることは難しいと思いませんか。さらに具材や肉もまったく同じ焼き加減、大きさにしないといけません。お好み焼きは食べられたらいいですが、スマートフォンは動けばいいわけではありません。精密材料をつくる過程には多くの課題があり、

地道なトライ＆エラーの繰り返しです。しかし、私たち技術者ならびに製造現場、営業の方が一体となって課題に立ち向かい、突破できたときの達成感は筆舌に尽くし難いものであり、１年目からこの経験を味わえたのは幸せなことでした。

　製品開発というのは、お客様の都合が優先されるため時間のコントロールが難しく、たまにライフワークバランスが崩れてしまうこともあります。しかし、要求スペックを満たし、開発した材料が採用されたときは技術者冥利に尽きる瞬間です。「人に喜んでもらえるモノをつくりたい」、「社会をもっと暮らしやすくしたい」と想っている人にとっては、研究・技術開発職というのは大きなやりがいを感じられる職業であると思います。

3　学生生活は学びの時間

　私は理系出身であり、幸いなことに研究職に就きたいという夢があったことと、どうせやるなら「なにか１つはカタチにしたい！」という気持ちがあったため、博士課程まで進学して学位を取得しようと早い段階から考えていました。しかし、まわりの友達はみんな修士課程で卒業するし、博士号取得後の就職に関しても不安があり、どうしようか悩んだ時期もあります。そのときはいろいろと情報収集もしましたが、情報収集というのはすればするほど良い面と共に悪い面も見えてくるため、不安も増えていくものです。進路選択というのはある意味「賭け」で、結局のところ面白いと思えるかどうかが重要だと思いました。そう考えるとシンプルで、私の場合、研究が好きで自分で実験系を確立してみたいという気持ちに従い、自分の進むべき道がハッキリしました。ひとたび決めたら、あとは迷わずまい進するだけです。

　とはいえ、「自分は何がしたいのか？　どうなりたいのか？」なんてことはハッキリとしていない人も多いかと思います。しかし、学生時代は勉強に部活、サークル活動、趣味、恋愛、バイト…など、たくさんやることがあります。私からのアドバイスは、そのどれにも全力で取り組んで欲しいというこ

とです。私が入社してからすぐ、研修でお寺に行く機会がありました。その
とき、僧侶から「守・破・離」という言葉を教えていただきました。これは
物事の上達プロセスを、「学びの段階」・「洗練の段階」・「独自の境地の段階」
に分けて考えることを意味し、学問、スポーツ、仕事…、何事にも通じるも
のだと思います。

　私は大学生活というのは「守」、すなわち学びの場だと割り切ってみてよい
と思います。いろいろな学問に興味をもち勉強してみてください。たくさん
旅行して、遊んで、何かリラックスできる趣味を見つけてください。いっぱ
いアルバイトして社会勉強してください。学生であることを最大限生かして、
ひたすら学んでください。そうすると、自分の価値観が理解でき、自ずと自
分のなりたい姿というものも見つかってくるかと思います。私も社会人とし
てまだまだ未熟者であり、偉そうなことは言えませんが、みなさん、どうか
自分が楽しくて夢中になれることを見つけて、これからの人生を豊かで実り
あるものにしていきましょう！

意志を貫き、人生を拓く

岡畑美咲
Okahata Misaki

2015年 理工学部
生物学科卒／
2017年 自然科学
研究科 生物学専攻
修士課程修了／
2020年 自然科学
研究科 生命・機能科学
専攻 博士後期課程修了

甲南大学　博士研究員

趣味・特技
料理、お菓子作り

好きな言葉（座右の銘）
失敗は成功のもと

1　大好きだった研究に明け暮れた学生時代

　幼いころから好きだった生物を深く学びたい。そう考えた私は、理科の教員免許を取得でき、かつ、純粋な意味での生物学を学べる、関西の数少ない大学の1つである、甲南大学に進学しました。

　入学早々に頭を悩ましたのは、通学時間の長さでした。兵庫県西部に住んでいた私の通学時間は片道2時間以上。毎朝6時半には家を出て大学に向かう毎日でした。教職課程をとっていたため、授業は週6日に及び、帰宅途中に塾講師のアルバイトを終えて帰る頃には23時を過ぎることもしばしばでした。

　そんな生活をしていたある日、木下記念事業団が運営する寮が寮生を募集しているとの情報を聞きつけ、寮生活を計画。さらに、給付制奨学金を得るために、寝る間も惜しんで勉強に励みました。幸いにして選考を突破することができた2年生以降は、ありがたい環境で生活をすることができました。

　念願の研究室に配属されたのは、3年生の終

わりごろ。高校時代から自分の体がどのようにできているのかを細胞レベルで勉強したいと考えていた私は、迷わず動物を扱う研究分野を選択。その中でも「線虫」を扱う久原研究室を選びました。

　37兆個あるといわれているヒトの細胞に対し、線虫はわずか1000個弱。けれど線虫は、ヒトと同じような働きを持つ遺伝子を多く持つため、これを研究することでヒトの遺伝子の働きを解明することにも繋がるのです。さらに、線虫の大きな特徴は、その成長の早さです。線虫は20〜25℃の環境に置くと、わずか3、4日で成虫になるため、実験結果が出るまでに時間を要さず、短期間で研究成果を出すことができるメリットがあります。

　基礎研究の魅力に取りつかれた私は、時間を忘れ、研究にのめりこみました。実験のほとんどは失敗に終わります。失敗とはただの失敗ではなく、次に進むためのステップともいえます。見つけた課題を自分でクリアできると、実験はもっと楽しくなりました。このように書くと、順風満帆にみえるかもしれませんが、長く失敗に苦しんだこともあります。

　線虫のある遺伝子が壊れている変異体を、培養するための寒天培地に入れ、正常な線虫と比べて、温度への応答性がどのように変化するのかを調べていたときのことです。温度への反応に異常が出るはずの変異体で、正常な値が出てしまいました。その理由がまったくわからない。そんな状態が1年ほど続きました。

　同じ条件のつもりでいても、自分でも気づかないような条件の違いでうまくいかないことがある。それが実験の難しさです。さまざまな条件で実験を行い、1年後、ようやく飼育する寒天培地の大きさの違いによる酸素濃度が原因であることを突き止めました。この研究成果を論文にまとめ、「ロレアルユネスコ女性科学者日本奨励賞」、「日本学術振興会育志賞」など、多くの学会や団体から賞をいただきました。研究のほとんどはうまくいきません。予想外の結果がほとんどです。ですが、科学が示してくれていることに忠実に向き合うことで、予想外の思いがけない結果が新しい発見に繋がります。博士課程では研究の醍醐味を味わうことができ、今後の人生も研究に捧げたい

と思っています。

2 「ガラスの天井」に挑む！

「ガラスの天井」と呼ばれる言葉をご存じでしょうか。目の前に階段があるのに、見えないガラスの天井があるために上に進めない。女性研究者にとっての研究の世界を形容する言葉としても使われます。

私は現在、一児の母として、この天井に立ち向かっています。

学部卒業後に入学した大学院修士課程では、寝食を忘れ研究に没頭することができ、博士後期課程入学時には採択率が20％ともいわれる日本学術振興会の特別研究員に選ばれ、学業を続けるための資金として研究奨励金を得ることもできました。けれど、博士後期課程1年次の結婚、翌年末の第1子出産の過程で、女性が研究を続けることの難しさを痛感します。私の場合、妊娠を原因とする食欲不振、吐き気、嘔吐といった「つわり」の症状が強く、電車に乗ることができませんでした。そこで妊娠がわかる直前までに出した、論文執筆に必要となるおおよそのデータをもとに、家で論文を書き上げました。しかし、論文がそのまま雑誌に掲載されることはほぼありません。同じ研究分野の先生によるチェック（査読）が入り、その結果、追加実験と書き直しが提示されます。追加実験を妊娠中期（安定期）に終わらせ、出産の間際まで論文を書き直して再提出。出産後にようやく公表されました。まさに綱渡りの作業でした。

出産後も、慣れない育児をこなしつつ、実験と博士論文の執筆を進めました。大学院の課程を修了し博士号をもらうには、国際誌への論文掲載のほか、別途博士論文を書き上げる必要があるためです。朝6時に起床し、出発までに家事をできるだけ終わらせる。7時過ぎに保育園に娘を預け、大学に通学。夕方に研究を切り上げ18時までに保育園に向かう日々。帰宅後に夕食を作り、風呂に入れ、娘と遊ぶ時間も確保しつつ21時に寝かせます。その間も子どもは大人が思うようには動いてくれませんし、保育園で風邪やウ

イルスをもらってきて家族全員が寝込むこともありました。これまでのような実験ざんまいの生活からは一変しました。それでも、保育園に迎えに行ったときに聞く、「ママ！」という嬉々とした娘の声を聞くだけで、疲れが吹っ飛びます。今は限られた時間で研究結果を出すためにどう段取りをつけるかということをいつも意識して生活しています。

　けれど、研究と育児の両立は自分1人だけの努力ではなしえません。女性研究者に対して理解のある久原先生、同じ研究室に所属する先輩、そして、子育てに協力してくれる夫の存在。何一つ欠いても今の生活は成り立たず、恵まれた環境とご縁に感謝の思いでいっぱいです。

　研究に関しては、一度やめてしまうと戻ってくるのは至難の業だと思います。ですので、研究者として大切になる今後の10数年を、ゆっくりであっても歩みを止めることなくとにかく続けていきたいと考えています。生物学という自分の好きなことを仕事にできているという幸せを原動力に、育児も研究もどちらも追い求めていく。そうして、女性研究者が結婚や育児といったライフイベントがあってもキャリアを中断せずに両立できるような道筋を次世代の研究者のために作っていくことができれば、こんなにうれしいことはありません。

3 目的を持つことで 未来は開ける！

　社会人になくて、学生にあるもの。それは、自分のために使える時間です。ですので、後悔のないようにいろいろなことに挑戦してほしいと思います。また、今やりたいことが明確でない方も、友達と遊ぶのでもいいし、インターンシップに行くのでもいい、サークルを頑張るのでもいい。没頭できる何かを見つけることで、将来に繋がっていくこともあります。

　一方で、どれだけたくさん時間があっても、どう過ごすかということについて自分の意志を持つことはもっと大切です。自分が選択したことを何も考えずにやるのか、自分の中での目標を立てて臨むのか。行動は同じでも、そ

の中身はまったく異なります。

　私は裕福ではなかったこともあり、学業以外ではアルバイトに一生懸命取り組みました。生活費を稼ぐための行為ではありますが、自分が選択した塾講師・家庭教師は、教職課程を目指していたからこその仕事です。

　塾講師は、生徒との接し方や勉強を教える力を身につけたいという思いから始め、決められた教材に従い、塾長と保護者が決めたプランに沿って生徒に教えました。しかし、これでは、自分でプランを組んだり、保護者とお話したり、生徒と保護者の間に入って成績が伸びるように工夫したりというところまでができません。こうした自分の希望を実現するために、家庭教師のアルバイトをしました。教育実習を経験し、塾や家庭教師と、学校の間にある教育に対する考え方の決定的な違いを感じることができたのは、これらの経験があったからにほかなりません。

　もう1つ思うのは、後悔のないような学生時代にしてほしいということです。

　私の学生時代の後悔は、留学に行けなかったことです。経済的に難しいと思ってあきらめてしまったのです。でも、今にして思うのは、お金は後からついてくるものではないかということ。その時苦しかったとしても、働いてから返していくことも可能です。

　英語ができないと苦労する時代が来る。日本の、研究の現場にいても強く感じます。少子高齢化で多くの外国人が入国していますし、今後は、一般の人でもある程度の職に就こうとすると、英語ができないと苦労する時代が来ると思います。そのためには、自分を英語しか通じない場所に置くということが大切だと思います。その意味で、今年、共同研究のために3か月間オーストリアに行くのは私にとって大きなチャンスでした。ですが、新型コロナウイルス流行のため、取りやめになったことで、学生時代の後悔を引きずる形になってしまいました。

　嘆いても失った時間を取り戻すことはできません。みなさんにはぜひ後悔のない学生時代となることを願ってやみません。

Court（テニス）から
Court（法廷）へ

上原伊織
Uehara Iori

2015年 法学部卒／
2018年 法学研究科法
務専攻専門職学位
課程修了

弁護士法人
朝日中央綜合法律事務所
弁護士

趣味・特技
テニス

好きな言葉（座右の銘）
威風堂々

学生時代に所属していたサークル等
体育会硬式庭球部

1 テニス選手活動と学業の両立を目指した学生生活

　私は4歳からテニスを始め、将来の夢はプロのテニス選手になることでした。そして中、高、大と甲南のテニス部に所属し、日々練習に励んできました。大学に入学してからは、国内のランキング（プロも含む）を上げるため、学生大会だけではなく、プロや実業団の選手が多く出場する大会にも積極的に参加し、年に20大会以上、国内各地で行われるトーナメントを転戦しました。主な戦績としては、高校生の頃には全国大会でベスト4、日中韓の対抗戦にも日本代表として出場しました。大学では、関西の学生大会では2連覇を果たし、上述した国内の最高ランキングは37位でした。このように、私の大学時代はテニスの練習、トレーニング、大会出場が生活の中心となっていました。

　もっとも、上述のようにテニスを中心とした生活を送っていたとしても、学生である以上は当然、大学の授業の単位を取得しなければならず、そのためにはある程度の勉強もしなければなりません。大会が大学の比較的近くで行われ

ている場合には、トーナメントに勝ち残り、翌日も朝から試合があるという場合であっても、その日の試合が終わった後すぐに大学に向かい、授業に出席するようにしていました。また、テニスの大会は勝ち残れば1大会で1週間程度、毎日試合がありますが、大学の定期試験の1週間前に大会があることも多々あり、そのような場合には日頃から計画的に試験勉強を進めるなどして対応していました。さらに、遠方で大会がある場合には、ラケットバックの中に試験勉強のための教材も詰め込み、新幹線の中や、宿泊先のホテル等で勉強していました。このように隙間時間を有効に活用することにより、テニスを中心とした生活を送りつつも、大学の卒業単位は3年間ですべて取得することができ、後述するように大学4年生では、法科大学院に進学するための勉強の時間を確保することもできました。

このように私は大学の勉強もしつつ、思い切りテニスをする生活を送っていましたが、大学3年生の中頃、大学卒業後の進路を考える時期になり、自分の幼い頃からの夢であった世界で活躍できるプロ選手になることは困難であると感じ、中途半端な状態で選手生活を続けるくらいであれば、自分には他にもっと活躍できる場所があるのではないかと考え、テニス選手は大学で引退することにしました。そして、大好きだったテニスを辞めてでも挑戦したいと思えるだけのことは何かと考え、以前より法律には多少興味があって法学部を選択していたこともあり、最難関の試験である司法試験を突破し、弁護士になることを決意しました。そして、大学4年生の時には、大学院に進学するための勉強もしつつ、最後までテニスを精一杯やり抜きました。

大学卒業後は、甲南大学の法科大学院に進学（未修コース）し、「司法試験に合格するまでは、趣味としてもテニスは一日もしない。」と自分に決め、大学院を卒業後、無事に司法試験に一発で合格することができました。

2 弁護士としての責任とやりがい

現在、私は弁護士法人朝日中央綜合法律事務所の弁護士として働いていま

す。

　弁護士は、弁護士事務所に所属している人もいれば、企業内弁護士として会社員として勤務している人もおり、さらには自治体等の公的な機関で働いている人もいます。また、法律事務所に所属している人であっても、事務所あるいは弁護士ごとに取り扱っている専門分野が異なり、さまざまなスタイルで仕事を行っており、活躍の幅が非常に広い職業です。

　以下では、私が弁護士として働く中で感じる難しさや、やりがいなどについて述べたいと思います。

　まず、難しいと感じる点ですが、案件の解決方法として絶対的な正解がない中で、あらゆる可能性を考えた上、クライアントにとって最良と考えられる選択を行い、案件を進めていかなければなりません。時には、難解かつ膨大な資料を調査、収集するところから始め、その資料を理解した上、人にわかりやすいようにまとめなければならず、しかもクライアントの都合や、裁判期日の日程、時効などの法律上の問題から厳しい時間的な制約もあります。そして何より、人や会社における重要な問題を扱うため、決してミスをすることが許されません。また、1つの案件だけを担当しているわけではなく、常時20ないし30程度の案件を同時進行で進めており、その1つ1つの案件について、上記のような対応をする必要があります。

　さらに、当然のことながら、すべての法律や判例について精通しているわけではなく、法律改正も行われるため、日頃から法律の専門家として法律の勉強を継続する必要があります。また、案件によっては他の専門分野についても一定程度の知識が必要となりますが、日頃の業務に追われる生活の中では、落ち着いて勉強する時間を確保することには苦労します。

　次に、やりがいについてですが、似たような事件を何件も解決して経験を積んでいくことにより、よりクライアントの利益となり、かつ、迅速な解決が可能になることは間違いありません。しかし似たような事件であっても、やはり1件ごとに個別の事情があるため、日々思考し、案件を通じて自分自身も勉強することができ、やるべきことは無数にあるため、決して退屈する

ことがありません。精神的にも肉体的にもタフさが要求される職業ですが、結局はそれも魅力の1つではないかと思います。

また、仕事を適切に回すことができてさえいれば、自由に予定を組むことができるため、自由度が高い点も魅力の1つです。

そして何より、クライアントから信頼していただき、人や会社の重要な問題にかかわらせていただくことができ、結果としてクライアントにご納得いただける形で案件を解決することができた際には、充実した達成感を感じることができます。

3 何事にでも 一生懸命に取り組むこと

今回、私から現役学生に対して伝えたいメッセージは、「一生懸命に過ごした学生時代の経験は、どのようなものであっても必ず大切な財産になるので、自由に学生生活を過ごして欲しいと思いますが、自分の選択にはリスクを伴うことを理解し、後悔しないようにして欲しい。」ということです。

学生生活の過ごし方は人によってさまざまであることは多言を要しないと思います。しかし、学生生活の過ごし方について、どのような選択を行ったとしても、その選択によって得られるものと得られないものが必ず存在します。

たとえば、私のように部活動でスポーツに全力を尽くす生活を送ることによって、単に競技力や身体能力が向上するだけでなく、スポーツを通じて、目標に向かって努力をすることや、コミュニケーション能力なども身に付けることができ、社会に出てからも重要となる能力を身につけることができます。しかし、大学卒業後の就職を見据えるなどして、資格試験の勉強等、何かの学問に励んでいる学生ほどの勉強時間を確保することはできません。社会に出てからはどのような方向に進んだとしても、勉強しなければならないことがたくさんありますが、学生時代から懸命に勉強し、そこで身に付けた知識等は、社会に出てからもその人の大きな強みになります。

また、友人といろいろな場所に旅行に行ったり、何かイベント等を企画、実行するといったこともできません。アルバイトをしてお金を貯め、毎日友人と遊んで楽しく生活するということも学生時代にしかできないことの1つです。そして、そのような学生生活の経験も、創造的なアイデアを生み出すことに繋がったり、コミュニケーション能力や行動力を身につけることに繋がるなどして、社会に出てから役に立つことも多いと思います。

　では、さきほどのべたこれらの事柄について、バランスの良い学生生活を送れば良いかというと、必ずしもそうとは限りません。もちろんバランスの良い学生生活を送ることは大変素晴らしいことではありますが、1つのことに精一杯取り組むことによってのみ得られるものもあり、すべてが中途半端になってしまってはもったいないこともあります。

　以上のように、学生時代にできることは限られています。もう二度と取り戻すことができない学生生活をどのようなものにするか、これを自ら選択することにより、学生時代に得られるものと得られないものが決まってきます。

　しかし、何でも一生懸命に取り組めば、その経験は必ず社会に出てからも活用できる場面が多々あります。みなさんには、どのような学生生活を送るにしても、後悔のないよう、精一杯に有意義な学生生活を送って欲しいと思います。

自分軸

藤澤拓人
Fujisawa Takuto

2015年 経営学部卒

甲南大学生活協同組合
勤務

趣味・特技
料理、パソコン、音楽
好きな言葉（座右の銘）
当たって砕けろ、
百聞は一見に如かず
学生時代に所属していたサークル等
経営学部ビジネス
リーダー養成プログラム

1 「自分軸」探しの 4年間

　学生時代は部活動などには所属せず、趣味でさまざまなことにチャレンジしていました。一眼レフを抱え友人と夜景の撮影に行ったかと思えば、ロードバイクで兵庫県を横断してみたり。免許を取り車の改造に凝ったこともあれば、昔から趣味だった料理（パン作りやお菓子作り）を追求した時期もありました。とにかく暇さえあればチャレンジする毎日でした。これらの資金をアルバイト代から工面するのも楽ではありませんでしたが、そのおかげか、今でも新たなチャレンジに抵抗がなく、フットワークが軽いと言われます。

　アルバイトもチャレンジの連続でした。大学内にある生協でアルバイトをし、学生時代に先生方の研究室でパソコンのセッティングをお手伝いした経験は、今の仕事の原点です。

　中でも、学生生活で一番よかったと自負するチャレンジが、学生生活の大半を過ごした、「経営学部ビジネスリーダー養成プログラム」への参加です。当時プログラムに参加するために

は試験がありましたが、どうしてもそのプログラムを履修したかった私は、幼稚園から甲南漬けで育った私にとって初めてと言ってよいほどの決意で挑んだのを覚えています。（今思い返せば未熟者で就職活動の1次面接くらいの緊張度でしょうか）

　決意のかいもあってか、無事参加できたこのプログラムでは、上級生と混じって厳しい授業を受け、3回生の後期には3か月に亘るインターンシップに参加。就業体験といっても求められるレベルは高く、苦労することは多々ありましたが、普通の学生生活ではなかなか得られない貴重な体験をすることができました。さらに、その合間を縫って神戸市やJR西日本など企業、団体との連携プロジェクトにも数多く取り組み、企業の方々、地域団体の方々、行政の方々、甲南の先輩方、そしてゼミ仲間や先生方にはいろいろな場面で助けていただきました。私たちのプロジェクトを通して込めた願いが、パネルとして、現在もJR摂津本山駅に掲げられています。私の成果の1つであり、誇りです。

　このような素晴らしい4年間の経験をとおして私は自分の中にある1つの「軸」を見つけることができました。それは「人と人の繋がりを大切にすること」です。就職先の企業もこの軸に基づき、コミュニケーションを優先する外資系IT企業を選択しました。SNSが発達し、人と人が繋がりやすくなった今、その「繋がり」は大切にできているでしょうか。「いいね」を送るのが、「繋がり」を大切にするということなのでしょうか。それだけではないと思います。形式的な情報交換だけではなく、そこには人と人の共感・価値共有が必要です。今でもその軸はぶれませんが、常に自問自答していますし、自分の「軸」を甲南大学での学生生活の中で見つけられたことは本当によかったと思っています。

2　仕事の愉しみ

　外資系IT業界を経て現在の「甲南大学生活協同組合（以下大学生協）」へ

と転職してきました。卒業後3年間IT業界で働いた私は、もっとお客様の顔を見て仕事がしたいという「欲」にかられ、転職を決意します。企業規模からしても大学生協への転職は、当初周囲の誰しもが驚いていましたが、2年半の月日が流れた現在も、その選択に後悔はありません。

　現在は購買部の長として、8店舗30人以上のスタッフをマネジメントし、学生のみなさんや先生方の学習、研究のサポート、新学期に関わる仕事をさせていただいています。2020年、新型コロナウイルスは学生のみなさんを取り巻く学習環境を激変させ、それによるニーズもまた変化させました。1年ごとに激しく変化する少し特殊な環境です。そのような環境の中で私は大学生協へ就職してから1つの新規事業立ち上げと1つの既存事業の立て直しを任されてきました。今回はそのうち既存事業の立て直しを一例に現在の仕事の楽しみなどをお話しできればと思います。

　みなさまは大学生協という組織をご存じでしょうか。簡単に説明すると生活協同組合の形式をとる大学生協は「株式会社」などとは違い、「組合員（教職員・学生）」の出資をもとに成り立ち、過度な利益（生協では「剰余」と言います）追求はせず組合員の発展のために還元するという組織です。

　私が着任早々に担当したパソコン講座事業は必要以上に剰余が減り採算が取れなくなったものでした。外部委託の体制が長く、ほぼ剰余を生まない体質になってしまっていたのです。そこで、学生のスタッフを募集し育成することで内製化に成功し、収支のバランスを維持できるようにしました。この学生スタッフも、様々な縁に基づく人との繋がりの中で出会えています。現在は第二段階として、それが継続できる仕組みづくりを行っているところです。ここで申し上げたいのは、それだけの裁量を1年目の私に与え、任せてくれる職場であり、それこそが楽しみだということです。裁量の大きさを負担に思う人もいるかもしれませんが、私はこの自由度が楽しくて仕方ないのです。これだけでも私にとっては十分なやりがいになりますが、大学という環境上、学生のみなさんの成長を目の当たりにできるという"おまけ"までついてきます。当初人前では一言も喋ることができなかった学生さんが、1

年後には100人の受講生を前に、堂々とした様子で授業を行っているのです。これは何物にも代えがたいご褒美だと思っています。もちろん、仕事ですから時には苦しいこともあります。ですが、またもや私は早い段階でこの仕事の「軸（楽しさ）」を見つけることができました。

3 「甲南生」のあなたが大切にしたいことは何ですか？

現役学生のみなさんへのメッセージということで考えてみたとき、たいして言える事はないなと思いました。でも、私と関わってくれている学生さん方にいつも言っていることが2つあります。1つ目は「自分が楽しむ」ということ。2つ目は「人を大切にする」ということです。

まだ30年弱しか生きていない私ですが、人間らしく生きていく以上、楽しいこともあれば苦しいこともあることはわかっているつもりです。ですが、やはり自分が楽しくやっていなければ続くものも続かないですし、周囲も興味を持ってくれません。私が出会ってきた目標にしたいと思った先輩方は、どなたもとても楽しそうに苦労話をされます。それは、きっと苦しい中にも楽しみを見つけ、まい進されてきたからだと思います。みなさんも、何かにチャレンジする際は苦しくても少し我慢して継続し、何か1つでもいいので、その楽しみを見つけてください。

さて、いまこの文をお読みのあなたは甲南歴何年くらいでしょか。長い人もいれば、短い人もいると思いますが、人生の2/3以上を甲南で過ごした私が思う甲南の強みの1つはOB、OG陣の裾野の広さです。働いてらっしゃる業界だけではなく、地域的に見てもありとあらゆるところに先輩がいらっしゃいます。私は前職で宮崎に住んだことがありましたが、そこでも甲南の先輩と巡り合い、改めてそのパワーを体験しました。しかも甲南の先輩方は「甲南生」であるというだけで、分け隔てなく全力で接してくださいます。そんな恵まれた環境を活かさない手はありません。同じゼミや同じ部活動の友達は生涯の友になります。ですが、それと同じくらい上下の関係もしっかり

と感じてください。残念ながら先輩との人脈は今の学生間のようにSNSで友達申請を出すようなわけにはいきませんから、慣れないうちは大変に思うこともあるかもしれませんが、丁寧に関係性を紡いでほしいと思います。

　最後にここまでつたない文章をお読みいただきありがとうございました。100周年の記念の年にこのような機会に巡り合えたことを感謝すると同時に、私を支えてくださっているみなさまにも感謝申し上げたいと思います。ありがとうございます。

　現役のみなさんはぜひ自分の「軸」を探してみてください。大学では自分が探しに動かなければ降ってはきません。井の中の蛙になっていませんか？コロナで動きにくい世の中ではありますが、先輩を大いに頼り、そんな外部要因には負けない行動力で悔いのない学生生活を模索してほしいと思います。

ご縁が導いてくれた 自分の可能性

谷口遥香
Taniguchi Haruka

2015年 マネジメント
創造学部卒

**KATATi SiRUSi lab
勤務**

趣味・特技
加圧トレーニング
好きな言葉（座右の銘）
継続は力なり
学生時代に所属していたサークル等
留学先（Buffalo, NY）で
Singapore student
associationに所属

1 葛藤と決断、そして自分探しの旅

　学生時代を振り返ると、やりたいことを両親に目いっぱいさせてもらい、そして自分探しのためにひたすらアルバイトをしていた4年間だったと思います。

　小学生の頃に祖父母に海外へ連れていってもらったことがきっかけで、知らない世界を知ることへの好奇心をとても強く持つようになりました。そんな私にとって、甲南大学マネジメント創造学部（愛称：CUBE）に入学後に海外の大学で勉強をすることは、大きな憧れであると同時に、必ず叶えたいと思えるほどの大きな目標でした。ですが、海外留学の条件として設定されていたTOEFL56点以上の点がどうしても取れず、点数がぎりぎり足りないという状況が続いていました。そこで、当時19歳の私にとっては初めての大きな決断をしました。それは、1年生の春から入部したばかりのクラブを退部するということでした。

　中学校からの6年間、なぎなた部に所属していた私は、最後の1年間を部長として活動して

いた経験から、仲間と一緒に何かを成し遂げる達成感がたまらなく大好きでした。同じ経験を大学に入っても味わいたいと考え、体育会のクラブに入部し、週4～5日部活動に励んでいたのですが、睡眠を削らないとTOEFLと学校の勉強、アルバイトができない状況に陥ってしまいました。このままだとどれも中途半端に終わってしまう。そんな危機感からそのような決断に至りました。とはいえ、「最後までやりきる！」と決めて入ったクラブです。僅か6か月で辞めるということは、達成感を味わえないどころか、自分の可能性を縮めることだとも思っていたので、その選択をすることはなかなか容易ではありませんでした。

　私はCUBEに入って、何がしたいのかを数週間、真剣に考えました。そして、苦渋の決断で退部することを決意しました。その後、私は、かねてよりの目標達成に向けて必死で取り組みました。無事にTOEFLの条件もクリアすることができ、念願の留学に行くことができました。

　当時のこの決断が正しかったかどうか。これはもちろんわかりませんが、現状を理解し、受け入れ、策を考え、責任を持って行動するというプロセスの礎はここから始まっていると思うので、今となっては大事な思い出だと考えます。

2 ご縁が導いてくれた 自分の新たな道

　新卒で入社した広告代理店では、三宮・ハーバーランドエリア内の採用に困っているお客様に対して、求人広告の媒体を通じ採用支援をさせていただくお仕事に従事いたしました。入社4年目の春に退社することになるのですが、常に恵まれた環境で働けたことに対して会社や上司・同僚に心から感謝をしています。当時の私にとって恵まれた環境とは「こんな社会人に私もなりたい！」という方が常に近くにいたことです。トップクラスの成績を継続的に残し、周りに愛され、どんな状況下でも常にプラスのオーラを発し続ける女性を目指して奮闘の日々でした。

3年目の秋、気づけば後輩からそのような対象として見られているのかな？と少しずつ感じるようになり、自分の次のステップを考え始めました。同部署の上司や他部署の先輩、社外の先輩にお話をうかがう中、新卒1年目の頃からお世話になっているあるお取引先の社長にも相談をさせてもらいました。（この方が後の人生の恩師の一人となります）

　その社長は会うたびに「谷口さんは将来どうしたいのですか」「仕事をして何がしたいのですか」「結婚をしてどうしたいのですか」と私に本質を考えるきっかけを与えてくださいました。そこで行き着いた私のありたい姿は「願わくば、60歳までは社会と家族（2人の子供（予定）と夫）に必要とされる存在でありたい」ということでした。

　また、仕事は「雇う側がいて、雇われる側がいる」「0からサービスを作る人と、でき上がったものを大きくしていく人がいる」というお話を聞いたとき、「知らない世界を知りたい！」という好奇心をくすぐられました。

　一方、広告業界大手に所属していたこともあり、大きなものに守られていた世界から何ものでもない自分ひとりで戦っていく世界へ足を踏み入れることはとても勇気のいることでした。半年間悩みに悩んだ末、「今は守るものがないので、リスクのある選択は今しかできない」「社長と自分を信じて0から仕事をしてみよう！」と4年目の春退社の決心をしました。（具体的に何をどうしていくかは当時未定でした）

　今の仕事を初めて2年と5か月経った今、「MACHERIE」「KATATi SiRUSi」というブライダルジュエリー2ブランドを全国・海外33店舗に卸しており、2020年年末に「KATATi SiRUSi」のコンセプトショップを西宮の苦楽園にオープンいたしました。まだまだ道半ばですが、リングを渡したいけど高くて買えない、欲しいけど高くておねだりできない、そんなおふたりのお役に少しでも立てるように、これからも日々向き合ってまいります。

3 「新しいもの」に ぜひたくさん触れてください

　まだまだ道半ばの私が申し上げられることは本当に少ないですが、ひとつ申し上げるのであれば、学生の間に1つでも多くの「新しいもの」にたくさんの時間を割いてください、ということでしょうか。とてもざっくりした表現ですが、「新しいもの」は何でも良いと思います。したことのない勉強、見たことのない国、想像もつかないアルバイト、などなど自分の知らない世界を知ることが新たな自分を発見できる方法だからです。

　私は大学時代、将来のことを考えるときにこれらのことを実践しました。

　留学から帰国した後、自分の将来について考える時間が多くなりましたが、世の中にはどんな仕事があって、どんな働き方があるのか、当時の私は何も知りませんでした。「お仕事をすることでどんな自分でありたいか」の答えを探すべく、できる限り多くの種類のアルバイト（カフェ、アパレル、レジ打ち、タブレット（携帯機器）営業、倉庫での仕分け業務、家庭教師など）を行うようになります。この経験を通して、「どんなお仕事でも楽しめる自分がいる」ということに気づくことができました。暇というものが苦手だった私は100円ショップのアルバイトでのレジをしていた頃にはどうやったらお客様が私のレジのところへ来てくれるか考え、めちゃくちゃ笑顔で手を振って「こちらへどうぞ〜」と実験してみたりしていました。どんな場所でも、どんな仕事内容でも楽しめるのであれば、アルバイトでは経験できないお仕事、そして暇を持て余さないお仕事に就きたいと考え、最初の就職先を見つけることとなりました。

　「○○になりたい」といった将来の夢はとても素敵なことだと思いますが、「なりたい」という言葉は知っていることだから「なりたい」といえるわけですね。「星を見たい」という子供が星を知らなかったら「星を見たい」と言えないのと同じことです。

　そして、知らない人を知るという意味では甲南のご卒業生で立派に成功さ

れている方もたくさんいらっしゃるので、ぜひ直接お話を聞いてみてください。「将来こんな女性になりたいな〜」という方がもしかすると現れるかもしれないですよ。

かけがえのない大学生活

嵜本捺愛
Sakimoto Nae

2015年 フロンティア
サイエンス学部卒／
2017年 フロンティア
サイエンス研究科
修士課程修了

株式会社カネカ勤務

趣味・特技
バドミントン、
映画鑑賞

好きな言葉（座右の銘）
諦めなければ
道は拓かれる

1 サイエンスの面白さに気づかせてくれた FIRST

　フロンティアサイエンス学部に進学を決めたきっかけは、先端科学を学ぶことができ、1年生から実験ができる、という点でした。遺伝子工学や細胞工学に興味があり、核酸の研究室が多いところも決め手となりました。とはいえ、入学前には、適度に学んで、アルバイトにも勤しみ、といった大学生活を描いていたため、実際に入学してその考えの甘さを痛感しました。週1で実験があり、レポートも多く、夜遅くまで残って学習することも当たり前でした。ですが、友達や先輩が自然と集まる「マイラボ」という学習スペースで切磋琢磨し、時には先生も巻き込んで学んだ毎日は、しんどいながらもとても充実した楽しい時間でもありました。

　さらに人生を変えたきっかけが学部2回生の時に受講した授業と実験。サイエンスの面白さに圧倒され、本気で学びたいと考え、「研究者になる」ことを目標にした瞬間でもありました。その後、無事、第一志望の研究室に入ることができ、研究科への進学を決めたのですが、大学

院進学への道のりは相当険しいものでした。

　片親で決して裕福な家庭ではなかったのに加え、この頃に親が病気で入院したり、勤めていた会社が倒産したりと、進学どころではない状況に陥りました。当時の私はほとんど大学にいて、昼間は大学、夜に家計を助けるためのアルバイトをして、大学に戻る、という生活を過ごしました。アルバイトをしている間にも友人は実験をして成果を出していきます。彼らに負けたくなかったのはもちろん、何よりもこの苦境に屈したくありませんでした。親には就職してほしいと言われましたが、無理を言って進学をお願いしました。家計が苦しい中で、学ばせてもらっているという有難さと責任を痛感し、この時間を無駄にするまい、自分にとってチャンスになることは貪欲に挑戦すると決意しました。

　在学中、自身の成長を感じた経験となったのが、「消費者啓発活動」です。学生が主体となり、産学連携で消費についてのセミナーや啓発活動を行います。私は、リーダーとしての約3年間の活動の過程で、県民生活審議委員に選出され、県委員としても1年間活動しました。この活動を通して、企画運営について経験するとともに、チームマネジメントを学ぶことができました。「ほう・れん・そう」（報告・連絡・相談）の大切さ、目標から逆算して、達成のために必要なことを考えて行動すること、そして、仕事は与えられるものではなく、自分で考えて見つけ出すもの。すべて現在の仕事にも活かされています。もう一つは、理化学研究所での技術者としてのアルバイト経験です。研究者になりたい自分にとって、日本の最先端の研究施設を経験できたことはとても貴重な経験となりました。

　このような活動を行いつつ、研究にも励み、修士課程の修了発表では最優秀賞を受賞することができました。これまで頑張ってきたことが報われた気がして、とても嬉しかったです。甲南で過ごした6年間は、正直、二度と経験したくないくらいしんどい時もありましたが、やり抜くメンタルの強さを身につけることができた期間でもあり、何より研究室の先生や同期、後輩、そして家族に支えられた学生生活でもありました。

2 仕事を通じて
大切にしていること

　現在働いている企業は、理化学研究所での技術者としてのアルバイトが
きっかけで出会いました。本当に「ご縁があった」という言葉がぴったりで、
先輩社員の方に話しかける機会があり、自らコンタクトを取って入社したい
旨を伝えたところ、日を改めて会う機会を作っていただき、仕事内容などに
ついて教えていただきました。説明会に参加することができなかったのでと
ても貴重な時間となりました。その後入社試験を経て今に至るのですが、あ
の時に話しかけるという行動ができたことが好機に転じたと思います。何事
も行動を起こさなければ可能性はゼロのままですが、目的達成の為に行動す
れば可能性はゼロではなくなります。

　株式会社カネカは「カガクでネガイをカナエル会社」というキャッチコピー
のもと、地球環境保護や高齢化社会、省エネルギー健康、食といった課題に
対して化学の力で解決していく会社です。大学時代には自然科学に関して広
いバックグラウンドを持っておけるように幅広い分野で学習していたつもり
でしたが、現在の担当分野で用いる評価法や実験・分析手法は新しいことば
かりでした。まだまだ勉強しなければいけないところはたくさんありますが、
大学の頃に身につけた「学ぶ姿勢」を活かして取り組むことでできることも
増え、徐々にスキルアップに繋がっていると実感しています。会社に入ると
万事がうまくいくわけではなく、必ず何かにつまずきます。そんなときはい
つも「自分はできないやつだ」と卑下するのではなく、解決するために「何
ができるか」を考えています。解決するための努力は必須ですが、このとき
大切なのは「自分で解決できないなら周りの人に頼っていい」ということで
す。新しい環境・人間関係の中で、わからないことを上司や誰かに正直に伝
えるということは難しいことですが、一方で仕事は効率も求められるので、1
人で抱え込むことなく、周りに発信しています。この時も、謙虚さは忘れず、
教えてくれた方にはしっかりと感謝を伝えています。良い人間関係を構築す

ることは、社会人生活で強い後ろ盾になります。

　現在の職場において大学時代と決定的に異なるところがあります。それは、大学時代には「おぜん立て」があったということです。何かを成し遂げたいと思った時に、周囲が挑戦する「場」を用意してくれることの多かった大学時代と異なり、社会人では何もないところから自分で目標を作り上げ、挑戦の場を自発的に開拓していくことが求められます。そんな場にいるからこそ仕事をしていく上で、自分はこうしたい！　という思いをしっかりと持って働くことが大切だと考えています。私の現在の仕事内容の１つとして「新規技術の確立」があります。これまで検討したことのない技術を確立していくことに難しさを感じています。自分の意見が形になって技術を確立させ、そこから製品化を行い、商品として販売できるまでにしたいというのが今の大きなやりがいであり、目標です。

3　21世紀を担うみなさんへ

　大学時代は責任がありつつも自由でとても貴重な時間です。私は好きなことを思いっきり楽しみました。それが今に繋がっていると断言できます。在校生のみなさんには、今を思いっきり楽しんで毎日を過ごしてほしいと思います。その一方で、何か１つ「やり切った！」といえる経験をして欲しいとも思います。アルバイトでも部活動でも何でも構わないと思います。「これ！」という目標を持ち、信念をもってやり切れば、その経験が自分の糧となるはずです。そして願わくば、いち早くなりたい自分、したいことを見つけて、それに備えてほしいと思います。目標を早く見つければ見つけられるほど、それに多くの時間を注ぐことができますし、結果も伴ってくるはずです。

　私の場合「先端科学を学びたい！」そんな思いで入学した大学でしたが、入学直前までの私が、どこまで真剣にそれを考えていたのか、今思い返してみると、怪しいようにも思います。そんな状況だったからこそ、学習に向かう姿勢が遅れ、１年次に１科目の単位を落としてしまいました。この時はあま

り気にならなかったこの事実がのちに、入学直後の自分の考えの甘さを痛感し、自分に猛省を促すことになりました。

　２年生になり、入りたい研究室もできると、私は学ぶ姿勢をこれまでと一変させて勉強に励み、科目によってはテストで学年１位になるなど、成果も出てきました。しかし、研究室の配属が成績順で決まる中で、１年次の成績が足を引っ張り、成績は思ったより伸び悩みました。「第一志望の研究室に入れないかもしれない」不安から口にした言葉は、ある人に一蹴されました。「入れなくても、１回生の時にしていなかったから仕方ない」と。悔しかったけれど何も言い返せませんでした。どれだけやる気があっても結果が伴っていなければそれを主張する権利はありません。結果重視は社会でも通じることです。目標を早くに立てて行動できる者がリードし、圧倒的に有利になります。私は、あの時の自分自身の「甘え」に憤慨し、奮起しました。その意味で、一年生で失敗はしましたが、とても大事なことを学ぶことができました。

　時間を忘れて何かに熱中することができる。それが大学生活の意義だと考えます。興味を持ったらまずはチャレンジし、迷うことなく試みてみる。それが、やりたいことだという判断になれば、ぜひ貪欲に突き進み、チャンスをつかんで欲しいと思います。失敗を恐れず挑んでいくことで、自分の自信となり駆動力になると思います。私はどんなに困難なことやしんどいことでも、諦めなければ道は拓けると信じています。まずは一歩、踏み出すことから。

　みなさんの大学生活が実り豊かなものであって欲しいと切に願っています。

警察官出身の
芸能マネージャー

坂本佑樹
Sakamoto Yuki

2016年 経済学部卒

株式会社ワタナベエン
ターテインメント
マネージャー

趣味・特技
野球、筋トレ、お笑い、
懐メロ、映画、美食巡り

好きな言葉（座右の銘）
後悔などあろうはずが
ありません

学生時代に所属していたサークル等
テニスサークル Az、
学園祭ステージ
実行委員会

1 「淡路島から片道2時間の
通学旅」

　私の出身は、兵庫県淡路島という、電車も走っておらず映画館もないけれど、自然が豊かでのびのび過ごせる田舎です。私は、そんな島が好きだったので家から大学まで片道約2時間かけて通っていました。東京にいる今となっては、こんな長時間の移動は耐えられません。

　私は、学生時代、主に「学園祭ステージ実行委員会」に所属し、「ディズニーストア」でアルバイトをしていました。また、被災地のボランティア活動をしたりテニスサークルで企画運営の幹部を務めたりもするかたわら、昔からテレビっ子だったので、暇さえあればテレビ番組の収録の観覧に行くなど、興味を持ったことには全部トライした大学生活でした。

　それらの中でも、「学園祭ステージ実行委員会」の活動は、特に思い入れが強いです。秋の学園祭で開催される、ミスコンテスト、ミスターコンテストとお笑いNO1コンテストのステージ企画運営をしていました。ステージの企画や備品をすべて1から作り上げるので、毎年

6か月間かけて毎日企画会議を行い、徹夜で作業をしていました。この準備期間が、なかなかきつくてエナジードリンクのレッドブルをしょっちゅう飲んでいました。それでも続けられたのは、自分の自由な時間を犠牲にしてでも人を楽しませたいという志を持ったメンバーとともにつくりあげたステージで、拍手喝采をもらう時の鳥肌が立つほどの喜びが味わえるからです。毎年その本番を終えた後、実行委員会メンバー50人くらいで岡本にある居酒屋で打ち上げすることが恒例になっていました。みんな学園祭に思い入れが強く、全員で抱き合って号泣していました。その瞬間は、まさに学生でしか経験できないことだと思います。社会人になった今でも、当時のメンバーと集まって昔話をしてバカみたいに笑っています。学園祭の思い出と、一緒に頑張ったメンバーは、自分にとってかけがえのない宝物です。

　学生時代に一番大変だったことは、就職活動です。家族そろってお笑いが大好きだったので、絶対将来は芸人さんと仕事をしたいと思っていて、お笑い芸人が所属する東京のタレント事務所をすべて受けました。合計で淡路島と東京間を10回以上往復し交通費も恐ろしい金額でしたが、むなしく全敗しました。大学生活最後の最後でつまずいた私でしたが、この経験が私にとって夢をかなえる糧になったのです。

2 付き人ではなく、プロデューサー

　就職活動では全敗だった私ですが、今は憧れの会社で憧れの人とお仕事をさせてもらっています。なぜ就職できたかというと、違う業界に就職したことで一まわり成長できたからです。私は希望する業界への就職活動はうまくいきませんでしたが、第二志望の警察官を志望し、無事就職することができました。しごかれまくった警察学校に始まり、ようやく警察官になれてからも、厳しい先輩方との24時間勤務や、泥酔者の保護、凶悪犯との対峙など、これまでに経験したことのないハードな日々が続きました。ご遺体を目の当たりにすることもあり、体力的にも精神的にも本当に厳しく、何度も挫折し

そうになり、忍耐力と根性を養われた3年間でした。学生時代に比べ少しは成長できたという自信がつくにつれ、もう一度芸能事務所の就職活動に挑戦してみたいという想いが強くなりました。かつて一番憧れていた業界最大手のワタナベエンターテインメントに最後の望みで応募した結果、タレントマネージャーとして採用していただけたのです。今となっては警察官としての経験は貴重な財産ですし、現在の会社にも感謝しております。人生何があるかわかりません。

マネージャーの仕事について、説明します。仕事内容は、みなさんが想像する通りタレントのスケジュール管理をすることです。ただ、実際にこの仕事をしてイメージとの違いを感じたことは、マネージャーは付き人ではなくプロデューサーであるということです。たとえば、担当のタレントを活躍させるために、どう番組に挑むのがいいかをプロデューサー目線でタレントにアドバイスをします。またどう売り込むかという戦略を立ててテレビ局などに営業に行くのもマネージャーの大事な仕事です。

マネージャーのやりがいは、やはり子供のころからテレビで憧れていた番組の収録現場に行けることや、たくさんのタレントに会うことができることです。また、テレビ局のスタッフの方や他事務所のマネージャーなどいろんな職種の人と交流して仕事をするので、人脈が広がります。

マネージャー業で大変なことの1つは、タレントの人生を守る大きな責任があることです。タレントはイメージによって仕事が左右されるので、マネージャーが失敗すればタレントの失敗として直接イメージが傷つきます。だから、自分はタレントの分身だとおもって仕事や普段の生活をしています。

仕事でこんなハプニングがあり、危機管理の大切さを痛感しました。地方での生放送の際に、東京発の飛行機が荒天により大幅に遅延したのです。不可抗力とはいえ、生放送に間に合わないとなれば、大変なことになります。現地に到着後、ドライバーさんやスタッフの方のおかげで生放送には間に合い無事放送を終えたのですが、そういった予期せぬ事態も想定して準備しなければならないことを学びました。私もまだまだこれから頑張ります！

3 「親に感謝して、自分への時間を思いっきり使ってください」

学生時代にやっておいた方がいいと思うことは2つです。

1つ目は、「直感的に好きな人と好きな場所で好きな時間だけ過ごしてください」ということ。

私の学生時代は、興味を持ったら迷わず好きなアルバイトや好きなコミュニティに所属し、それによりたくさんの経験を積んだり人脈をつくったりすることができました。就職活動に失敗して落ち込んでいるときに、励ましてくれた大切な友人や先輩、転職して単身東京に来た際に、支え応援してくれる人がたくさんいて、縁は大切にしておくべきだと痛感しました。最近も縁を感じたことがありました。以前、私が担当するタレントが、別のタレントと同じ番組に出演することになったのですが、相手のタレントのマネージャーが大学時代の友人だったのです。その友人が他の事務所でマネージャーをしていることは知っていて、いつか仕事で会えたらいいなと思っていたのですが、実際に出会って握手をしたとき、大学時代の友達が同じ業界人としてテレビ局の収録現場にいる、それが何か不思議な感じがして、これが縁というものなんだと実感しました。

大学生は、好きな授業、アルバイト、サークルなどのコミュニティを選ぶことができ、自分の時間がたくさん使えます。社会人となれば会社からお金をいただく限り責任も伴うので、会社の上司や取引先など他者への貢献のために時間を費やします。ですから、大学生のうちは直感的に「これがしたい!」と思ったことはやるべきです。何もしないことが一番もったいないですよ。

2つ目は、「親に感謝をしてください」ということです。

親は偉大です。私はバカヤロウなので、親の偉大さを感じたのは社会人になってからです。

大学を卒業させてもらってようやく警察官という職につけたのに、その仕事を辞めるということは親不幸なことだ、と思い悩みました。私は初めて両

親を食事に誘い、怒鳴り殴られる覚悟で転職することを打ち明けました。すると両親は怒るどころか、「おめでとう。いい話を聞けてよかった」と言ってくれたのです。もう頭が上がりません。転職する前に旅行をプレゼントしましたが、まだまだ親孝行できるよう頑張ります。大学に通えていることは、あたりまえじゃないということを意識してください。そうして学生生活を送ってみれば、時間を大切に使えるはずです。社会人になってからでもいいので、親孝行をしてみてはいかがでしょうか。

　今は私の学生時代と違い、コロナ禍などでこれまでの常識が通用しなくなる大変な時代になりましたが、みなさんお身体には気をつけて大学生活をお過ごしください。最後に、未熟な私の経験談を最後まで読んでいただき、ありがとうごいました。

日々なにかに挑戦する

村上祐太
Murakami Yuta

2017年 文学部
人間科学科卒

真日本実戦空手道連盟
岡村道場　神戸東本部
所属

趣味・特技
温泉旅行、古着屋巡り

好きな言葉（座右の銘）
人生の選択は
常に楽しい方へ

学生時代に所属していたサークル等
軽音サークルUK ～遊軽～

1 楽しそうなら 「やってみる」

　私は小さい時から、楽しそうなことは何でも
チャレンジしていました。自分がやったことの
ないことで、少しでも楽しそうと思ったらとり
あえずやってみました。特に甲南大学在学中は
いろいろなことをしたと思います。文学部の人
間科学科に入り、博物館学芸員の資格を取得し
たり、哲学のゼミに入ったり、盲目の先生のサ
ポートTAをしたり、田植えや畑作りをしまし
た。サークルでは軽音サークルに入り、部長と
して活動していました。でも、楽器は今でも弾
けません。

　大学生活の後半は、思いつきでアクセサリー
のネットショップを開いたり、ダンス教室に通
い始めたり、ポーカーの大会を開催したり、立
ち飲み屋に来ているおじさんと仲良くなり1日
で何人におごってもらえるか、などとやってい
ることが意味不明でした。急に虫食べたことな
いなと思って、当時付き合ってた彼女と東京ま
で夜行バスで行き、昆虫食を食べまわったこと
は、今考えるとどうかしていたと思います。

上記の動機は全部「楽しそうなので」という理由だけでした。どんなに小さいことでも、とりあえずやってみて自分の知識にしました。意外とこれが、仕事や生活に役立ちました。ダンス教室は、運営方法や人に何かを教える時のトークスキル等を学びましたし、おじさんと仲良くなる話では、いろいろな人と喋ったので人付き合いの方法とか、新しく何かやりたいことを見つけるヒントをもらえたりと、応用できるものが多々ありました。虫はコオロギが美味しかったです。

　チャレンジしたことは、小さなことを含めれば書ききれないくらい出てきますし、後でこんなことしとけばな、という後悔がないことを目標に活動しました。教職課程を受けていなかったのが、たぶん大学生活の唯一の心残りです。

　とりあえずなんでもやってみて、人生の経験値を増やして、いろいろなことを吸収した学生生活だったと思います。それ以外はただの普通の大学生でした。

2 空手を仕事にする
という決断

　私の仕事は空手家です。親父の道着姿が羨ましくて、という軽い理由で4歳から始めた空手。強くなりたい、かっこよくなりたいとかはまったくなく、ただ道着が着たいだけで空手を始めました。それが、今年で21年も続いてしまいました。

　所属は真日本実戦空手道連盟　岡村道場　神戸東本部という道場で、東灘区の甲南町にて道場生を指導しています。200名弱の道場生が在籍し、子供から大人まで幅広い方に通っていただいています。また、指導者としてだけではなく、現役の選手としても活動しています。

　空手といってもよくわからない方も多いと思いますが、私がやっているのは、オリンピック種目の伝統空手ではなく、直接打撃を行うフルコンタクト空手というものです。簡単に説明すると、素手素足で相手を攻撃し、倒した

ら勝ちというルールです。

　かなり痛いです。21年間で手、足、腰、顎等8回くらいは骨折したと思います。

　稽古も厳しかったため、低く見積もっても1000回は辞めたいと思っていました。正直なところ、大学生になるまで1回も空手を好きになったことはありませんでした。

　空手を仕事にしようと思った転機は大学4回生、21歳の時でした。私は別に弱くもないが強くもないという選手でしたので、がむしゃらに努力しても地方大会優勝、全日本三位が限界でした。21歳の春、ヨーロッパ選手権出場がかかった予選であっさり1回戦負けしました。やる前からあまり気持ちが入ってなかったのかもしれませんが、この時、空手への気持ちは完全になくなりました。ちょうど就職活動の時期だったので、空手を引退する気持ちで、長かった髪をバッサリ切り、就職活動を始めました。とりあえず空手以外ならなんでもよかったので、いろんな会社に面接に行きました。ですが、就職活動を進めていくうちに、本当にしたいことはこれじゃない、とふと思いました。今ここで就職して、辞めてしまったら絶対に後悔する、そう思った瞬間に謎のプロ意識が芽生えました。練習内容も大きく変え、自分の動きが100パーセント使えるようにトレーニングを積みました。ハードなトレーニングから、よくわからないトレーニングまで、何でも試しました。

　そして、再起を図った夏の世界大会の予選、無事優勝し、世界選手権の出場権を得ることができました。世界選手権では、準決勝戦で現チャンピオンにKOされ、残念ながら三位入賞止まりでしたが、自分がやりたいと思ったことが自分の力で実ったという事実から、たまらなく幸福でした。それを機に、大学を卒業して、正式に社員として空手の先生になることになりました。

　自分の経験を生かして指導し、道場生が上達していくのをみるのは、かなりやりがいを感じます。全日本大会で入賞してくれる道場生もいます。最初は嫌いでしたが、好きなことを仕事にし、好きなことを教えるというのは、毎日ずっと楽しいです。好きなことを仕事にするという生き方、おすすめし

ます。

3　「やりたいこと」の消費期限

　みなさんは勉強や、スポーツ、食べ物や遊びなど、いろいろな経験をして
きたと思いますが、それでもまだ未経験なことがたくさんありませんか？　そ
の未経験なことを、できる限り今のうちに減らしておくべき、というのが私
からのメッセージです。

　未経験なことというのは、何でもいいです。料理したことがなかったら料
理でもいいですし、バンジージャンプやダイビングなど遊び体験でもいいで
す。小規模のものでも、思いついたら、片っ端から埋めてみてください。そ
の中で、意外とハマるものもあれば、二度とやりたくないものもでてきます。
そういった経験値を、学生生活の中で増やしていくべきだと思います。

　経験値を増やすことのメリットは、単純に知識が増えます。やったことな
いのに良し悪しを決めるのは、格好悪いですよね。ネットで得た知識をひけ
らかすのも良くないです。経験した上で、話す知識はかなり価値のあるもの
です。また、その知識を生かせば今後の仕事につながるかもしれません。思
いついたらすぐ行動してみてください。私の友人は、高校時代にうつに悩ま
されていました。一緒に大学に入学し、参加した新歓で気になったアルティ
メットというスポーツを急に始めると、なぜかどハマりし、うつだったのも
嘘だったのかというくらい活発になりました。数年後には世界大会にも出場
していました。思いつきで始めたことが、人生変えるといういいケースだと
思います。

　じゃあこの経験値を埋めるということをなぜ学生時代にしなければならな
いかというと、人には消費期限があるからです。体が成長してできるように
なったことが増える分、歳を重ねるごとにできなくなることもあります。私
は空手家で現役選手として活動していますが、選手でいられる期限というの
はたぶんあと数年です。数年後は体力や技術力など、次の若い世代に勝ると

は到底思えません。自分の弟子と稽古をしていても、もう少しで抜かれるんじゃないかと思う時もあります。しかも、今コロナウイルスの流行により、試合がありません。試合がない期間も、選手としての消費期限がどんどん近づいています。仮に収束が数年後となると、そのまま現役引退ということもありえます。

「やりたいこと」の消費期限は年齢によるものだけではありません。食べたいと思ったものが販売終了したり、行きたいと思った場所が閉店したり、事故や体調不良などで自分が動けなくなったり、今のコロナウイルスのように自粛を余儀なくされたりといろいろな要因があります。だからこそ、やりたいと思ったことができるうちに、行動に移すべきだと思います。できなくなってからでは遅いのです。

学生生活でつかめるチャンスを逃さないようにしてください。

25年程度しか生きていない中途半端な人間が生意気かもしれませんが、私からのメッセージは以上です。

学生代表として得た責任感と やりがいを見つけた大学生活

藤田信仁
Fujita Nobuhito

2017年 法学部卒

東急電鉄株式会社勤務

趣味・特技
録画した番組を何回も
見ること、ボウリング

好きな言葉（座右の銘）
初心忘るべからず

学生時代に所属していたサークル等
自治会中央委員会

1 自分のやりがいを見つけた 4年間

　私は大学時代に自治会中央委員会という学生の代表である委員会の委員長を務めていました。最初から入ろうと思っていたわけではありませんでした。多くのクラブやサークルが新歓活動を行っている時期にふともらった1枚のチラシがきっかけでした。

　自治会中央委員会では1、2年次は著名人をお呼びして講演会を行う現代講座実施委員会や新歓活動を取りまとめる新入生歓迎対策委員会などの小さな委員会に所属し、3年次に中央委員会という学生の代表として職務を行う委員会に所属するといった形態を採っていました。私は1、2年次には小委員会を掛け持ちして精力的に動いていたのですが、活動を行う中で次第に甲南大学生の代表である中央委員会の委員長をやりたいと思うようになりました。

　委員長になった私はイベントでの挨拶などの通常の仕事に加え、iCommonsという新しい施設の移設協議に出たり、学徒出陣の慰霊祭に若人の代表としてスピーチをしたりと歴代の委員

長がしていないことをたくさん経験しました。移設協議などは甲南学園の方々と協議するわけですから私の出す意見は甲南大学生の意見であると捉えられます。自分の発言に責任を持つようになったのはこの時でした。この力は社会人になった今、大切な力であると実感しています。また、委員長をしてよかった点は学園の職員の方々と話をする機会が多くあったことです。社会人の方とコミュニケーションを多く取っていたことで就職活動の際に話すことが苦になりませんでした。今でも大学に行くと顔馴染みの職員の方々とたわいもない話ができるコミュニティを作れたことも大学に進学してよかったと思える点です。

　ここまで活動して私は「誰かのために働くこと」が好きなんだなと思いました。大学で自分のやりがいを見つけることができて、今の会社でそのやりがいを感じながら仕事ができているのはとても幸せなことだと思います。

　振り返ると自分探しの4年間であったと思います。その当時は無我夢中で過ごしていましたがそれも未来への投資であったと思います。

2 近くで見ていた仕事を 自分の仕事に

　私は入学時には将来に対して明確な目標はありませんでした。高校まで野球をやっていたので野球関連や法律系の仕事をやろうかなと漠然と考えていたぐらいでした。そんな私が鉄道会社に就職しようと思ったのは、大学時代にやっていたアルバイトがきっかけでした。そのアルバイトは鉄道の旅客整理でした。具体的な仕事内容は、早朝と夕方のラッシュ時間帯に駅のホームに立って案内をしたり、車椅子をご利用のお客さまのご案内をしたりと、駅員の補助を行う仕事でした。このアルバイトも最初から自らやりたいと思っていたわけではありませんでした。たまたま母親がこのアルバイトを見つけてきて、勤務場所が通学途中であり、かつ早起きが得意だからという理由で始めました。その中で駅員の仕事を間近で見ることができ、仲良くなった駅員さんから仕事のやりがいや大変なところをたくさん聞くことができました。

話を聞く中で、自分には駅員の仕事が合っているのではないかということに気づきました。私の就職活動の軸は、不特定多数の方々に役に立つ仕事、社会の基盤になっている仕事、平日に休みがある仕事でした。それらの軸と合い、アルバイトで得た知識や経験を活かすことができるのが鉄道会社だと考え、就職活動を鉄道会社１本に絞り、今の会社に就職することができました。

さて、駅員の仕事ですが泊まり勤務が基本です。たとえば朝の９時から勤務始めたら翌日の７時に終わるといった勤務体系です。終電が終わると仮眠を取り初電から仕事を再開します（会社によって仮眠する時間、起床時間などは違います）。泊まり勤務の翌日は明け番（これも会社によって非番とか言い方はいろいろとあると思います）といって、仕事が終わると帰ることができます。明け番の次の日は休みが多いので実質２連休と言っても過言ではないです。最初は泊まり勤務に慣れなくて、明け番で仕事が終わればすぐに家に帰り寝ることが多かったです。今では体も慣れて、明け番でそのまま出かけたりすることができて有意義な時間を過ごせています。

お客さまは通勤や通学などで時刻通りに電車は来るものとして生活しています。１年365日、鉄道は動いて当然と思われています。そのため何ごともなく電車が動いていてもこれといって感謝されることはありません。ですが、何か異常が発生してお客さまに迷惑をかけてしまいますと多くの厳しい言葉をいただきます。急病人が発生したり、遅延もあったりと、365日間、まったく同じ状況が続くわけではありませんが、お客さまの毎日の活動を支えるために鉄道が動いている、その当たり前の日常というものを職場の仲間と協力して日々やり抜くことが、駅員としてのやりがいだと私は考えています。

今後は電車を動かす側（車掌や運転手）などのキャリアアップがあります。日々勉強をして試験を突破し、自分のライフスタイルに合わせてキャリアアップをしていきたいと思います。

3 なぜ大学に行くのか

　「なぜあなたは大学に進学したのですか」この質問を大学に入学した時の自分にしてみたら、きっと何も答えられなかったと思います。それぐらい私には目標もやりたいことも特にありませんでした。そんな自分でも4年間でやりがいを見つけ、多くの人脈を作り、希望した就職先に入ることができました。

　大学の4年間は長いようで短いです。私たちが大学に通っている間に高卒で就職した人たちは働いてお金を稼いでいます。大学の学費は決して安くはありません。大学に進学したからには何か、高卒の人たちとは異なる経験値を得ないと意味がないと思います。その経験値は何でもいいと思います。それが自分の価値になり財産になります。

　私はまだまだ社会人経験が少ないので後輩のみなさんへのメッセージとして何かすごいことを言えるわけではありません。ですが、1つだけ自信を持ってお伝えできることがあります。それは、「何事もやってみる」ということです。とにかくたくさん経験し、たくさんの失敗をしてください。それらは、必ず今後の生活に役に立ちます。ただ、頑張りすぎて身体を壊しては意味がありません。自分の身体を労わりながら夢や目標に向かって努力をしてください。また、4年間で自分のやりたいことを見つけるタイミングは人それぞれだと思います。周りが自分よりもはやく、やりたいことを見つけたとしても決して焦らず、「何事もやってみる」大学生活を送ってほしいと思います。みなさんの未来が楽しく有意義でありますように!!

自分のありたい将来像に向けて

芦谷　朋
Ashitani Tomo

2017年 経営学部卒

全日本空輸株式会社
勤務

趣味・特技
世界各国の
コーヒー豆集め

好きな言葉（座右の銘）
時の流れに身を任せ

学生時代に所属していたサークル等
現代講座実施委員会

1 心がときめくことに 時間を費やす学生生活

　学生時代、部活動やサークル活動はせず、ア
ルバイトをしながら学生団体に所属していまし
た。大学の自治会内に位置する現代講座実施委
員会という団体で、400人規模のお客様をお招
きし講演会を実施する委員会です。私は受付部
署のリーダーを任され、チームを統率していく
上で大切にしていたことが2点ありました。1
点目は「チームのメンバー1人1人の良さ（個
性）を生かして活動すること」です。絵が得意
な人にはパンフレット作成を、物事を端的に説
明するのが上手な人は受付カウンターに配置す
る等、適材適所の人員配置を意識していまし
た。この点は日々異なるメンバーでフライトを
する現職においても、仲間の得意なことや良い
ところをすぐ見つけられるスキルとして生かさ
れているような気がします。2点目は「すべて
のお客様に喜んでいただける講演会にすること」
です。岡本キャンパスが会場だったので地域の
高齢者や体の不自由な方にも気軽に来ていただ
きたいと思い、スロープや多機能トイレが備

わった建物を選びました。講演会当日、老若男女問わず幅広いお客様が笑顔で参加してくださったことは今でも昨日のことのように覚えています。現職もお客様と直接接する仕事なので、やはりお客様からのありがとうという言葉がとても励みになります。自分がお客様にして差し上げたいと思ったことをそのまま表現できる点も客室乗務員職（CA）の良いところだと思います。お客様のバースデーフライトであったり、新婚旅行で利用してくださっている方だったり、私たちクルーの工夫次第でお客様にアプローチをすることができます。お客様に笑顔で降りていただくために工夫をすることは大変やりがいを感じます。私は経営学部に属していましたが、英語の授業はもちろんのこと外国人講師から直接学べるビジネス英語の授業も履修していました。日本の英語教育ではどうしても「読み、書き」に重きが置いてあるように感じますが、実際に英語を仕事で使っていくには「話す、聴く」のスキルが重要です。たとえ英語が苦手で話すことができなくても、英語に触れる環境に身を置くことが大切だと思います。最初はわからなくても相手も理解しようとしてくれますし徐々に英語に耳が慣れてきます。私は1年間でTOEICスコア300点アップすることができました。何ごとも継続することで初めて結果はついてくるのかもしれませんね！

2 距離を繋ぐことは 人々の想いを繋ぐこと

　私が航空業界に強く興味を持ったのは大学生になってからです。小学生の時、「アテンションプリーズ」というドラマを観てかっこいいな〜と思った記憶はありましたが、飛行機に乗ったことも、空港に行ったこともない私にとってCAという仕事は、遠い雲の上の存在でした。ところが大学2回生になる春、高校時代の友人がパイロットを目指しているという話を聞き、私も就職活動のタイミングで何かチャレンジしたい！　と思う気持ちに火がつきました。離れたところにいる人同士を結び、想いを繋ぐ仕事だなんて、なんて素敵なんだ！　と思った記憶があります。

CA を志してからは、実現に向けて常に行動を取り続けていたように思います。2回生の冬に1か月のオーストラリア語学留学、3回生では航空業界やホテル業界でのインターンシップへの参加、また年間を通して TOEIC 等の語学力の向上に努めました。私にとっては現在勤めている会社のインターンシップに参加し社員と交流を持ち、生の声が聞けたことがこの就職活動の中では一番の転機だったなと感じています。

　仕事内容についてですが、大きく分けて2つあります。みなさんが普段飛行機に乗って目にするお飲物やお食事のサービスをするサービス要員と、飛行機を安全に飛ばしお客様を安全に目的地までご案内する保安要員です。私が入社してから難しいなと感じたのが、この保安要員としての役割です。飛行機は一度離陸すると、そこには限られた空間しかありません。そのため、上空では CA が常に客室内に異常がないかアンテナを張り続ける必要があります。体調の悪いお客様はいらっしゃらないか、機内に異常はないかを常に広い視野を持って監視しています。また安全に離着陸できる環境作りも CAの業務のひとつです。この仕事は同じメンバーでのフライトもありますが、初めて顔合わせするメンバーで仕事をすることが多々あります。その中で重要なのが CA 同士の円滑なコミュニケーションです。お客様情報を共有したり、お互いに意見を出し合うことで、お客様にまた乗りたい！　と思っていただけるフライトを実現することができます。お客様の笑顔を見ると心から嬉しい気持ちになりますし、この仕事をやっていてよかったなと思える瞬間のひとつでもあります。CA 同士が働きやすい環境を作ることで、お客様の心に残る良いサービスが生まれると思うので、働く上で私はコミュニケーションを大切にしています。

3　やらなかった後悔より、やった後悔

　私が大学生の時に大切にしていたことは「やらなかった後悔より、やった後悔」です。私は大学受験があまり思うようにいかなかったため、1回生の

頃から心のどこかで就職活動を頑張りたいという思いがあったような気がします。何か現状を変えたくて、でもなかなか変われなくて、葛藤の多い大学生活でしたが、客室乗務員になっていろいろな人に出逢いたい、まだ見たことのない景色を見てみたいと決意してからは、毎日が刺激的であっという間に過ぎていきました。いつもワクワクしていて体からエネルギーが湧いてくる日々でした。とりあえず気になったことはすべてやる、会いたい人には直接会いにいく、一度決めたことはとことんやり抜く行動力だけはあったような気がします。たとえば、航空業界で働いていらっしゃる方にOG訪問をする、行ったことのなかった海外での生活を体験してみるなどです。時間は戻ってきません。思い立った日が人生で一番若い日なので、何ごともできるだけ早く自ら体感することが大切だと思います。やらずに他人から聞いた話だけで判断するのはもったいないですし、感じ方や印象も千差万別であることに違いありません。自分で体験したからこそ感じることが多くあるはずです。航空業界にはさまざまな分野の勉強をした方々が働いていらっしゃいます。客室乗務職でも、看護師や栄養士の資格を持っていらっしゃる方もいます。どのような分野の勉強をしていても機内という限られた空間においては専門的な知識を身につけていることは大変強みになります。そのため何度もお伝えしていますが、学生時代は何ごとにも興味を持って、さまざまな分野の方の話を聞いたりする行動力が大切だと思います。まだ「何者」にでもなれる学生時代の過ごし方次第で、出逢う人も、見る景色も大きく変わっていきます。自分の舵の取り方次第で好きな自分に出逢えるなんて、無限の可能性に溢れていて考えるだけでワクワクしますね！ みなさんにとってコレだ！と思えるような素敵な未来に出逢えますよう心から祈っております。

「凡て人は皆天才である」

小郷航輝
Ogo Koki

2018年 法学部卒

株式会社船井総合研究所
勤務

趣味・特技
スキー、ドライブ、旅行、
美味しい珈琲を淹れる。

好きな言葉（座右の銘）
「頼まれごとは試されごと」
「凡て人は皆天才である」
「長所伸展」

1 「頼まれごとは試されごと」で何でも挑戦した学生時代。

　学生時代の３分の１くらいは、甲南大学生活協同組合（以下、大学生協）でのアルバイトや活動に費やしていました。入学直後に先輩から誘われ、文具や PC 機器を販売する売り場でのアルバイトを始めたことがきっかけでした。大学生協は、組合員である教職員・学生からそれぞれ数名ずつ理事が選出され、生協の事業や活動を進める上で、組織として意思決定し、それに基づいた運営を行う理事会を構成します。私は２年次から卒業まで学生理事として選出され、学期初めの教科書販売、当時オープンした直後のファミリーマートや、秋から春にかけての生協主催の新入生向け説明会や催事の企画・運営など、様々な活動に従事していました。iCommons の建設時は、学生側としては、学生の利用ルールや運営方法を決める委員会に参加し、生協側では、蔦屋書店や PRONTO のオープンに向けてテナント選定時からプロジェクトに参画しました。特に PRONTO では、オープン直後は、店舗の仕入れやホール、キッチンな

ど現場に入り込み一貫して店舗運営に携わっていました。4年生の時などは、講義に出ている時間よりも PRONTO で働いている時間の方が長かったと思います。それだけ4年間大学生協にどっぷり浸かっていました。

　今にして思えば、大学生協でのさまざまな経験は、今の経営コンサルタントという仕事の土台を築いています。大学生協では、同世代の学生よりも、働いていらっしゃる職員さんやパートさん、学内の教職員の方や近隣の住民の方など、さまざまな年齢層や国籍の方と関わることが非常に多く、ちょっとした雑談の仕方から仕事の進め方まで、あらゆることを生協活動を通じて学びました。

　学生時代、基本的に頼まれたことは断らず、何でも引き受けていました。当初は、「新しいことを頼まれた＝バイトする時間が増える＝給料が増える。やった！」という安直な発想によるもので、後先考えずに引き受けてしまい、後々大変な思いをしたことが何度もありました。しかし、そういった困難を乗り越えていくたびに、できることや頼られる機会がどんどん増えていくことが、自分のモチベーションにもなっていました。いつしか、何かを依頼してくれた相手の期待値を超えた働きをすると、より喜んでもらえ、新たなお願いや依頼をいただけるということを知り、1％でも相手方の期待値を超える努力をするようになりました。プロフィール欄にある、私の座右の銘「頼まれごとは試されごと」という言葉は、就職してから知った言葉でしたが、学生時代になんでもかんでも引き受けてチャレンジしていたおかげで、この座右の銘を帰納法的に身体で覚えることができました。このような発想は、経営コンサルタントとして働く今、最も大切にしている価値観の1つとなっています。

2　コンサルタントの醍醐味

　私は株式会社船井総合研究所のエネルギー支援部で中小企業専門の経営コンサルタントとして働いています。2018年4月に入社し、現在3年目です。

経営コンサルタントというと、聞き慣れない職業かもしれませんが、有り体にいえば、企業のお医者さんです。企業のさまざまな課題を明らかにして解決・助言をする職業です。「新卒3年目でそんなことできるの？」と思われるかもしれませんが、私の所属する船井総合研究所は、平均年齢29歳、新卒入社の社員の比率が圧倒的に高い会社です。そのため、新卒入社の若手社員でも、企業の経営者を相手にコンサルティングを行うためのノウハウがあります。具体的には、「専門範囲を絞ること」です。より詳しく説明すると、新卒社員がコンサルティングを行うにあたって対象の業種とテーマを絞り込みます。たとえば、私は入社当時、対象業種を「太陽光施工販売店」、テーマを「集客数UP」と絞っていました。まずは1つの業種、さらにその中でも専門的な部分、テーマに特化することで、入社2～3年目の若い社員でも、経験豊かな経営者の知見や期待に十分適うコンサルティングサービスを提供することが可能となります。その後、経験を積む中で対象領域を徐々に広げ、最終的に業界全体を見渡せる高い視座を持ったコンサルタントを目指します。

　入社3年目の現在、私は、新卒時と同じく「太陽光施工販売店」に対して、テーマを拡大し、集客だけでなく、資材調達のコストダウンや商品企画の支援を行っています。入社時と比べてよりクライアント企業の経営の根幹部分に関与し、業績変動に大きく寄与できるようになってきました。そのため、クライアントの経営者とは日々電話やチャットでやり取りをし、文字通り二人三脚で経営支援にあたっています。このような点が、私がコンサルタントの仕事を行う上での大きなやりがいとなっています。この仕事をしていて、最も嬉しいのは、自分の提案がクライアントの経営者に認められることではなく、最終的に提案内容を実行に移して、明確な成果が上がった時です。提案内容に責任を持ち、実行部分にまで携わり、経営者と喜びも悲しみも分かち合えることがこの仕事の醍醐味です。そのため責任も大きく、求められる期待値もどんどん高くなってきていますが、クライアントと共に結果を出す（＝クライアントの業績を上げる）ために日夜励んでいます。

　このような業務の性質上、ハードワークになりがちですが、少しずつ仕事

量もコントロールできるようになり、休日には趣味のドライブや冬はスキーに行くなど適度にリフレッシュしています。

3 自分の才能を見つけ、全力で伸ばしましょう！

「自分の才能を見つけましょう」と偉そうにいっていますが、そんなに特別なことではありません。「凡て人は皆天才である」という平生釟三郎先生の言葉がありますが、これには「唯其の程度に金銀銅鉄と云う風な差があるのみである。それを皆金に仕上げようとするのはギリシアの錬金術者の様なもので、それは不可能事だが、金銀銅鉄それぞれに其の本務があるのだから、それを発揮せしめるように指導しなければならぬ。」と続きがあります。大正から昭和の画一的な教育政策を批判した平生釟三郎先生の教育観を表す言葉として、しばしば引用されています。以降は個人的な解釈ですが、ここで大事なことは、金には金の、鉄には鉄の良さや向き不向きがあり、それぞれの良さを伸ばすべきだ、ということです。金がどれだけ頑張っても鉄にはなれませんし、反対もしかりで、そこには貴賤の差はなく、単に性質が違うに過ぎないと考えています。まずは自分が金なのか、鉄なのか、性質を知り、その上で良さを伸ばすことになります。ですので、在学中に限らず、人間は生涯をかけて、自分の才能を見出し、全力で伸ばすことが大事だと考えています。

では、才能とはなにか、という本質的な問いが生まれますが、私はあまり難しく考えずに、「長所」であり、「得意なこと」であり、「やっていて苦にならないこと」であると捉えています。こう考えると、自分が気づいていない「才能」はたくさん見つかるかと思います。自分の才能が見つかれば、後は伸ばしていくだけです。他には目もくれず、これだと思った部分を全力で伸ばしましょう。

私の場合、在学中は、苦手なことは極力やりたくない性分で、得意なことや好きなことばかりしていました。そんな時、たまたま就職活動で出会った船井総合研究所という会社はこのような考え方を100％肯定してくれました。

理由は、船井総合研究所のコンサルティングが、クライアントの短所を改善・是正するのではなく、長所を伸ばして、他社を圧倒するほどの一番になることを第一段階においているからです。私たちは、このコンサルティング手法を「長所伸展法」と呼んでいますが、この手法は、まさに平生釟三郎先生の教育観とも共通しています。100年前の考え方は今のビジネスの場においても十二分に発揮されています。

　このようなテーマの文章では「英語をやりましょう！」や「Python極めましょう」「時代はデータサイエンスだ！」などの具体的な提案を、本書を読んでいるみなさんは期待されているでしょうし、コンサルタントの端くれとしてもそうすべきです。しかし、みなさんの才能や個性を塗りつぶしてしまっては元も子もないので、甲南OBの一人としてこのような抽象的な内容で書かせていただきました。

　「なりたい将来像がない」「才能がない」と嘆いている方もいらっしゃるかもしれませんが、まずは、「長所」、「得意なこと」、「やっていて苦にならないこと」の程度の解像度で自分自身と向きあい、才能を発見してください。その才能を伸ばすことで、進むべき道も見えてくると思います。みなさんの前途に、幸多からんことを心から祈っています。

学蹴（がくしゅう）し続けた4年間

吉田伊吹
Yoshida Ibuki

2019年 経営学部卒

**プロフリースタイル
フットボーラー**

趣味・特技
一人旅、写真

好きな言葉（座右の銘）
自らを由とせよ、
格物究理

1　狭い廊下が生んだ 広い世界への道

　入学当初から、これからの4年間をどう使いたいかが明確に決まっていました。そうさせたのは「フリースタイルフットボール」という、サッカーボールを音楽に乗せて自由自在に扱う新しいカルチャー。高校時代からそのカルチャーの虜になっている人間だった私は、ただひたすら、その競技で成り上がりたいという強い思いを胸に、甲南大学での学生生活の1歩目を踏み出していました。そのためサークルや部活動には所属せず、生まれた時間のほとんどはトレーニングなどに使っていました。大学に入学して、まず初めにやったことは友達作り、ではなく、ボールを蹴れる場所探し。本当にその順序で大丈夫？　と突っ込みたくなるところですが、それぐらい極端でした。

　そのキャラクターを受け入れてくれる友人たちも無事に見つかり、昼間は和気あいあいとみんなで過ごしつつ、放課後はギラギラとしたマインドで練習場所として見つけた人気のない狭い廊下に向かう、という生活を繰り返していま

した。すると嬉しいことに、思ったよりも早くフリースタイルフットボールでの道は少しずつ開けてきました。だんだんと大会で勝てるようになり、イベントなどにパフォーマンスで出演、自分のレッスンを持ち、遂には日本一にもなり、世界大会でも上位にランクインできるようになりました！　3年生以降はプロとしての生活を確立し、毎週のように国内外さまざまな土地に遠征していたので、友人たちからの連絡の第一声が「今どこにいる？」になっていましたね。周りから見たら摑みどころのない、自由奔放に動き回っているキャラクターだったと思います。

　正直なところ、学業そっちのけでボールを蹴ってばかりの時期もありましたが、講義やゼミの活動から得られるものも多くありました。特に、経営学部に所属しつつイベント出演やレッスン運営といった実務を行っていたため、大学で得た知識を即実践で試せる環境があり、実体験を伴った学びを経験できたことは大きかったです。また、経営学部のグローバルビジネスコースを専攻していたのですが、世界大会に出場し始めてからは国際交流が増えたことでモチベーションも上がり、授業とうまく循環しながら学びが加速していたように感じます。このように「実体験を伴った学び」に大きな価値を見出していたこともあり、3年生の頃に約半年間、Red Bull でのインターンシップに参加し、マーケティング活動やイベント事業のサポートなどを経験させていただきました。独自の挑戦的な戦略を展開する社風を肌身で感じられた時間は、今にも生かされていると感じます。このように、学内の勉強と学外の活動を絶えずリンクさせながら学んだことは今振り返っても正解だったのではないかなと思います。

2 “フリースタイルライフ”

　時はさかのぼり中学時代。まだサッカー少年だった私は、自分への自信がまったくなく、消極的で、常に心のどこかで何かに怯えているような性格をしていました。さらに、その後高校に入学した当時は大学に進学するつもり

はなく、高校を卒業したら就職をするつもりでした。しかし、そのすべてを変えたのがフリースタイルフットボールとの出会いでした。高校1年の秋、どうも馬が合わずサッカー部を退部したものの、サッカー自体が嫌いになったわけではなく、なんとなく一人でボールを蹴るようになっていました。やがてYouTubeの動画などを参考に徐々にリフティング技ばかり練習し始め、いつしかフリースタイルフットボールを始めていました。

　1か月ほどの月日が経ったある日、私は初めて練習会に顔を出しました。動画で見ていた人たちが目の前にたくさんいる。そのことに緊張すると同時に興奮もありました。練習会では、初参加の私に対して優しい先輩方があれこれ教えてくれたのですが、不思議なことに、教えてもらった技がなぜかほとんどすぐにできてしまう。その様子を周囲は驚きの顔で眺めていました。今までにない感覚でした。直感的にビビッと「これはいけるんじゃないか?」と思うような、つい頬が緩んでしまうような「1つの成功体験」でした。決して大きなものではないけど、その小さな成功体験が結果的に、私の人生を思いもよらぬ方向にガラッと変えることになりました。

　その後時間を経て、私はプロとしてのキャリアをスタートさせることとなります。そしてこの文章を書いているたった今も、プロフリースタイルフットボーラーとしての道を歩んでいる真最中です。2019年にはアジア王者となり、世界ランキングでも歴代日本人最高位の2位につけることができました。大会以外では、全国各地でのイベントへの出演や、より規模の大きくなったレッスンの経営、さまざまなブランドとのタイアップの仕事などをこなしつつ、この業界をより盛り上げていくための活動に生活のほとんどの時間をあてています。

　私のようなキャリアを歩んでいると「自分の好きなことを仕事にしていて凄い!」「夢を追いかけ続けていて楽しそうだね」というポジティブな声もあれば、「マイナーなスポーツで食べていけるの?」「将来大丈夫?」といったネガティブな言葉や反対意見を投げかけられることもよくあります。しかし、結論からいうとそういった声はまったく気にかけていません。幸運にも私は

比較的早いタイミングで好きなことを見つけ、人生をかけて成し遂げたい目標ができました。昔は周りの目も気にしていましたが、今はそれよりも、自分自身の可能性や自分の好きなことの可能性を信じて、そのためにすべてのリソースを注ぐと決めています。1回きりの人生において、他人の意見の影響で自分の生き様を変えてしまうことは本当にもったいないと思うので、この先もその名の如く「フリースタイル」に、楽しく生きていきたいですね。

3 どう死にたくて、そのためにどう生きますか？

　突然ですがみなさんは、今、目の前でなにかの選択を迫られた時、どのように選択の意思決定を行いますか？　学業、部活動やサークル、アルバイト、その他プライベート……。大学生として過ごすこの期間は、今までにないくらい新しい経験をたくさんして、そのたびにふと悩んでしまうことも多いのではないでしょうか。ちなみに私は学生だった当時、好きなことにまっすぐに生きていたものの、「気にしいな性格」が災いし、周りの目を気にしてしまったり、他人の些細な言葉に悩んでしまうことも多かったです。でも、ある日何気なく、「どうやったらこの先楽しく生きられるかな〜」なんて考えごとをしている時に、偶然この答えにたどり着きました。

　　「自分はどう死にたくて、そのためにどう生きたいのか？」

　今目の前にある現実を、人生の一番遠い場所から考えてみたのです。人生の終点。目の前でなにか選択を迫られた時、今の私はいつもこの軸を基に決断をします。急に問われるとあるいは壮大すぎるテーマかもしれませんが、この壮大な質問を毎日、少しずつ、少しずつ紐解いていきます。そうしていくと、だんだんと明確に「自分自身がどういう人間で、何が好きで、何が嫌いで、どんなことをしていきたいのか、どんなことはやりたくないのか」といったものが浮かび上がってきました。さらにその紐解きが習慣づいてくる

と、日常で起こるさまざまな出来事に対する「自分の考え」というものがパッと浮かんでくるようになりました。そうした月日を重ねることで、自分の中で散らばっていた点が繋がり、一貫性を持った「自分」というものを持つことができるようになりました。某有名漫画に出てくる「腹に括った一本の槍」ってやつです。

　さて、みなさんにはどんな自分が見えてくるでしょうか？　時間をかけてゆっくりと、強い自分も弱い自分も、良いところも悪いところも見つけ出してください。そうしたら、次は本当の「自由」を探す道を踏み出してみてください。自由という言葉は、福沢諭吉が英語の FREE を日本語に訳す際に生まれたとされており、「自らを由とする」という意味だそうです。自らを理由にあらゆる言動を行えて、その言動に自ら責任を負えること。今まで自由という言葉から連想していたフワフワして楽しそうなイメージとはギャップがあるのではないかと思います。しかし、そこまでたどりつくことができれば、その先の人生はきっと豊かで魅力的なものになるのではないでしょうか。

　少しイメージの描きづらい話になってしまったかもしれませんが、みなさんがこれから先の未来を、より自由に輝かしいものとできることを心から願っています。

いかなる環境でも必要とされる自分になるために

金岡信宏
Kanaoka Nobuhiro

**2019年 マネジメント
創造学部卒**

**株式会社パソナグループ
勤務**

趣味・特技
料理・華道

好きな言葉（座右の銘）
世界に通用する紳士たれ

学生時代に所属していたサークル等
和ろうそく作成販売、
オープンキャンパス委員会

1 先輩方から引き継いだ CUBE魂

　私がマネジメント創造学部に進学を決めたきっかけは、オープンキャンパスで出会った先輩方への憧れでした。今思えば、人生で初めて自分の意志と目標をもって進路を決めた瞬間でもありました。

　大学を選んでいる時、さまざまな大学のオープンキャンパスへ赴きました。私自身、教育カリキュラムや学部ももちろん大切ではありますが、「そこで学んでいる人の姿勢」を一番重視していたため、在校生の話や座談会、オープンキャンパスの係の人を見てきました。

　そんな中出会ったのがマネジメント創造学部のオープンキャンパス委員会の先輩方でした。先輩方からは何でも挑戦して自分でやってやるぞという気概を感じました。それを感じ取った私は、説明会が終わり学生相談会の時間になり先ほどまで登壇して話していた先輩に駆け寄り声を掛けました。学部での話や学生生活について一通り聞き終えた最後に、得意なこともなく英語もできない自分でもこの学部でやっていけ

るか尋ねたところ、先輩は言いました。「正直大変だと思う、自分のがんばり次第だ」と、そして同時に「頑張る、努力する人を尊重する学部で学生もそんな人が集まっている」とも。

この言葉を聞いて、「自ら学び、共に学ぶ」という精神、すなわち CUBE 魂が学生全体に伝わっているのだと考えこの学部への進学を決めました。そして、入学しキャンパスライフが始まり生活に少しずつ慣れてきたころ、オープンキャンパス委員会の新入生歓迎会があり私も参加しました。

オープンキャンパス委員会の特徴は運営からすべて学生自身の手で作り上げていることです。学生イベントはもちろん学部説明も学生が行うなど、幅広く運営に携わっている委員会でした。

私は、進学先を決めたきっかけがオープンキャンパスであったこともあり委員会に所属し、あの時の先輩のように受験生の不安を取り除き、CUBE 魂を次の世代へつなげていける人になりたいと思うようになりました。

そうして、オープンキャンパス委員会に所属しオープンキャンパスのキャンパスツアー長というポジションを与えられ、オープンキャンパスでは毎回自分の元に来てくれる受験生もでき、そこでできた後輩と入学後も交流は続いて、またその後輩がオープンキャンパス委員会に所属していきました。

今では卒業して社会人になりましたが、「自ら学び、共に学ぶ」CUBE 魂は自分の心に抱き続けています。なかなか、母校に帰る機会は少ないですが、次に訪れた時も CUBE 魂が脈々と続いていてくれることを思いながら毎日を学びの日々として頑張っております。

2 すべてのお客様の感動創造 『強みは私です』

私は甲南大学を卒業して、株式会社パソナグループに入社しました。この会社では「社会の問題点を解決する」を企業理念にしており、私は現在、地域資源を生かして開設された淡路島グランピング施設で、ソーシャルアクティビストとして働いています。

まず、この会社に入ったきっかけからお話しします。就職活動では、社会貢献を軸に会社を見ていました。そこで出会ったのが今働いているパソナグループでした。この会社は社会貢献を第一に行動することを地で行く会社で、当時の自分になかった、ただ単に社会貢献をするのではなくそこを利益につなげることでそこで得た利益をまた別の社会貢献につなげることができるという考え方を持っていました。この会社の考え方は数多くの会社の行っている社会貢献とは違う、自分の理想に近い形で実現をしていると考え、この会社で働きたいと思うようになりました。メインは派遣業務の仕事ですが、社会貢献活動をしている以上さまざまなポジションがあり、入社した私は淡路島に配属されました。

　次に淡路島での活動についてお話しします。

　淡路島では、地方創生をテーマに、農業活動やエンターテイナーの仕事を作る雇用創出や、廃校のリノベーションや県立公園の自然を利用したテーマパークの運営など、地域活性事業を行っており、とてもホットな地域です。そんな淡路島で与えられた使命が、グランピング施設を一流の施設にして、かつそこで働く社員が淡路島全体の施設のお手本となり人材育成の発信源となることでした。

　職場では、1年目ではサービス業務を覚え少しずつ予約業務を学び、今では予約業務のリーダーとして日々お客様の求めているものや、お客様のご要望に応える努力を続けています。そんな中一番やりがいを感じたエピソードを最後にお話しします。

　私たちはお客様からのご希望があれば基本的にどんなことも実現に努めており、プロポーズをご要望のお客様と何度も電話やメールでやり取りをさせていただきました。薔薇の花束の準備やお部屋のセッティングから当日の動きやケーキを出すタイミングまで打ち合わせをして本番を迎えました。当日はお客様と同じぐらい自分も緊張していて、成功するかしないかお客様の人生の大きな節目にかかわるので、当日は休みでしたがそのお客様の対応に入りました。結果はプロポーズ成功です。お客様からは「とても親身になって

相談に乗ってくれるし、他のスタッフのみなさんも笑顔ですごく人がいい施設ですね」とおっしゃっていただき、お客様の感動創造とはまさにこのことだと感じました。一流の施設というのは素晴らしいロケーションやお食事だけでは絶対になれないと考えています。こういった1つひとつの対応を丁寧にすることがお客様の感動につながることを再認識しました。どのような場所でも通用するこのホスピタリティ精神を磨き続け、今後も「お客様の感動創造」に努めたいと考えています。

3 思考を止めず自分磨きを怠らない

　私から現役の学生みなさんに伝えたい事が2つあります。それは、「思考を止めるな」ということと、「自分の他にはない強みを見つけること」です。この2つに関してエピソードと共にお話しします。

　まず、「思考を止めるな」とは、常に考えることを止めないでほしいということです。

　同じ仕事でも、考えながら行動することと、考えずにただこなすために行動するのでは全然違います。日常から思考の重要性を感じさせるのは、「問題が発生した際」です。周りの社員を見ていても、常に考えている人とそうでない人とは、問題が発生した際の対応方法がまったく異なります。たとえば、お客様のお会計を間違えてしまい、すでにお客様が帰られてしまった時があるとします。何も考えず行動しているとどうすればいいのか迷うか、すぐに他人に答えを求めてしまいます。決して人に聞く事が悪いわけではありませんが、自分で考え行動することが自身の成長につながると私は考えます。常に自分でできることを考えられる人は、「お客様対応・経理処理・現場処理」といった形で、しなければならないことが瞬時に具体的に考えつきます。今回は問題が発生した際の例を挙げましたが、これはみなさんの毎日の生活でも役立つものだと思いますので、常に「なんで、どうすれば」という思考を持ち続ける癖をつけてほしいと思います。

2つ目の「自分の他にはない強みを見つけること」についてです。これは、自分のアピールポイントやこれだけは他には負けないというものを1つだけでも持ってほしいということです。必ずしも仕事の能力でなければいけないというわけではありません。趣味や、何か一芸でも構いません。なぜなら、社会に出たとき必ずしも仕事だけがいいわけではないからです。会食や食事会に招待されることもあるでしょう、そういった時の話のタネや実際に一芸があると印象に残りやすく、その後の関係もうまくいきやすいと感じました。たとえば、社内の同僚の誕生日の際に私が華道を披露しました、それによって役員の方からも声をかけていただき、多くの人に名前と顔を覚えていただけるとてもいい機会になりました。それ以外にも、他の同期はピアノやバイオリンを披露しておりました。このように一芸を持つだけで役員や社長に覚えてもらえるのは就職活動や営業をする人間にとってはとてもプラスなことです。ぜひ、今からでも自分の一芸を見つけてください。

　「思考を止めるな」「自分の他にはない強みを見つけること」の2点は就職活動の場だけではなく社会に出てからも重要となるものです。ぜひ日々自分磨きを続けてください。

2021 年 3 月 30 日　　初版発行　　　　　　略称：甲南人 2021

正志く 強く 朗らかに Ⅱ
―躍動する甲南人の軌跡 2021―

編　者　　Ⓒ　甲南大学共通教育センター

発行者　　　古　市　達　彦

発行所　**株 式 会 社 同 信 社**
東京都千代田区神田神保町 1-41　　〒 101-0051
発売所　**同 文 舘 出 版 株 式 会 社**
東京都千代田区神田神保町 1-41　　〒 101-0051
営業（03）3294-1801　　編集（03）3294-1803
振替 00100-8-42935　　http://www.dobunkan.co.jp

Printed in Japan 2021　　　　　　　　DTP：マーリンクレイン
印刷・製本：萩原印刷

ISBN978-4-495-97653-8